コミュニケーション能力や
表現力をのばす！

はじめての漫才 ②

ワークシートで漫才をつくろう

著・矢島ノブ雄（漫才コンビ・オシエルズ）

監修・田畑栄一（埼玉県越谷市立新方小学校元校長）

くもん出版

はじめに

2人 どうも〜、オシエルズです！　よろしくお願いしまーす！

矢島 まずは、この本を手に取ってくれたみんな、ありがとう！

野村 そして、すばらしき漫才の世界へ、ようこそ！

矢島 ぼくたち漫才コンビなんですが、ふつうの漫才コンビとは

ちょっとちがいまして、じつは「日本一学校を回る漫才コンビ」なんです。

野村 そうなんです。いろんな学校に行きまして、児童・生徒のみんなと一緒に

漫才をつくったり、お笑いを使ってコミュニケーション能力を高める授業

をしたりしているんです。

矢島 オッホン、諸君、また会えてうれしいよ！　元気にしてたかい？

野村 なんか急にえらそうだな！

あと、たぶんほとんどの人が「はじめまして」だから！

矢島 でもさ、この本を手に取ってくれたってことは、みんな漫才に興味を

もってくれているってことだよね？　なかには「漫才大好き！」って

人もいるのかも！

野村 たしかに！　そう思うと、うれしいね！

矢島 なんせこのシリーズは、ふだんからお笑いを見るのが好きな人に、

もっともっとお笑いや漫才のことを知ってもらって、

もっともっと楽しんでもらうためにつくったんだからね！

オシエルズ
矢島

オシエルズ
野村

野村　あと、「自分も漫才をやってみたい！」という人のために、漫才を簡単につくる方法や、つくった漫才をよりおもしろくするテクニックなんかもたくさんしょうかいしているから、ぜひ読んでみてほしいね！

矢島　あと、今日の晩ごはんのレシピもね！

野村　いや、のってるわけないだろ！　この2巻には、ほかにもコンビの組み方や、コンビで楽しくネタ合わせをするためのコツ、クラスで漫才大会を開く方法などなど、ネタを実際に練習したり、披露したりするときに必要な知識がすべてのっているんだよね。

矢島　そして、忘れちゃいけないのが『漫天プリント』！　これを使えばだれでも簡単に漫才がつくれちゃう魔法のプリントが、自由にダウンロードできるっていうんだから、すごいでしょ？　もちろん、使い方もていねいに解説しております！　いや～太っ腹！

野村　自分で言ってる（笑）。まあ、そんな2巻ですが、ズバリ矢島さんが思う一番の見どころは？

矢島　そんなの全部に決まってるじゃん！　すみずみまで読んで、感想を作文用紙10枚以上に書いてほしいね。

野村　いや、そこまでしなくていいだろ！　でも、全部読んでほしいのはホント！　ぜひ最後まで読んで、お笑いや漫才をもっともっと好きになってほしいな。

矢島　……てなわけで、さっそくVTR〜スタート!!

野村　いや、これテレビじゃなくて本だから！　もういいよ！

2人　どうも、ありがとうございました〜！

プロフィール　オシエルズ

2013年3月結成。矢島ノブ雄（写真左）と野村真之介（写真右）によるお笑いコンビ。お笑いライブへの出演だけでなく、企業や子どもを対象にしたワークショップ・講演・研修なども行っている。
矢島の特技はピアノ、野村の趣味は散歩。

http://funbest.jp/
https://www.youtube.com/@oclschannel

もくじ

1章 漫才はだれでもできる！

2章 漫才をつくってみよう！

3章 漫才をやってみよう！

4章 漫才を披露しよう！

きみはどのタイプ？
Yes No チャート

この本には、タイプのちがう5人のキャラクターが登場するよ！　そのキャラクターのうち、きみが一番近いのはどのキャラクターかな？　下の質問に YES（はい）か NO（いいえ）で答えながら進んで行くと、自分のタイプがわかるよ！　タイプごとにおすすめのページを選んでみたので、ぜひ読んでみてね！

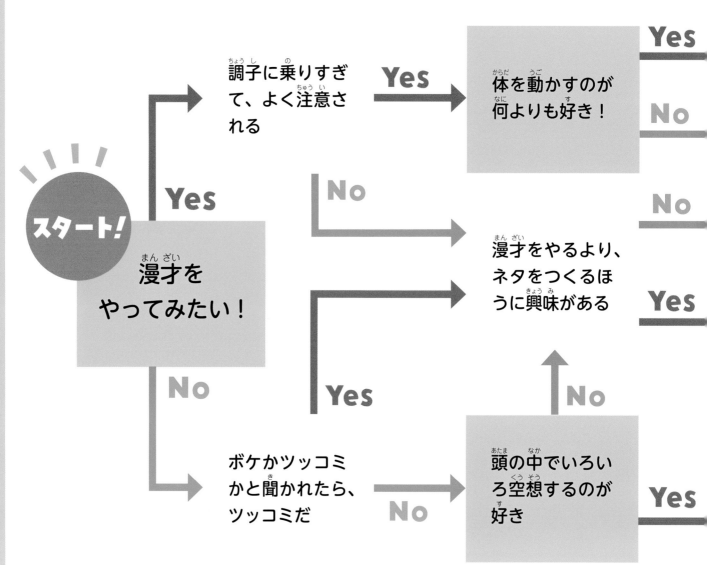

スタート！

漫才を
やってみたい！

Yes

No

調子に乗りすぎて、よく注意される

Yes

No

体を動かすのが
何よりも好き！

Yes

No

漫才をやるより、
ネタをつくるほうに興味がある

Yes

ボケかツッコミかと聞かれたら、ツッコミだ

Yes

No

頭の中でいろいろ空想するのが
好き

No

Yes

クラブの部長より副部長になりたい

No →

きみは…

ユウト タイプ

いつも元気なお調子者！
将来の夢はズバリ「お笑い芸人」！

おすすめのページ ▶ 3章「漫才をやってみよう！」p.44〜55

Yes ↑

Yes →

きみは…

ガク タイプ

いつもニコニコ、マイペース。
まわりを和ませる天然キャラ。

おすすめのページ ▶ 2章「漫才をつくってみよう！」p.14〜19

No →

流行には敏感なほうだ

きみは…

ヒマリ タイプ

スポーツ大好き！　思ったことは
すぐ口に出す、まっすぐな性格。

おすすめのページ ▶ 4章「漫才を披露しよう！」p.56〜60

毎週欠かさずに見ているお笑い番組がある

No →

Yes →

きみは…

ハルキ タイプ

まじめな優等生だが、じつはお笑いが
大好き！　ネタづくりに興味がある。

おすすめのページ ▶ 2章「漫才をつくってみよう！」p.20〜43

Yes ↑

文化祭などの行事には積極的に参加するタイプ

No →

きみは…

アヤノ タイプ

物静かで、人と話すのが苦手だが、
じつはユニークな発想の持ち主。

おすすめのページ ▶ 1章「漫才はだれでもできる！」p.8〜13

漫才でレベルアップ！

1章

漫才はだれでもできる！

「漫才は見て楽しむもの。自分でやる必要なんてない」と思っている、そこのあなた！　じつは漫才に挑戦すると、思ってもいなかった「いいこと」がたくさん起こります。まるでゲームに出てくる勇者みたいに、自分をレベルアップさせることができるのです。いったいどういうことなのか、見てみましょう！

バーーン

MANZAI QUEST

▶ つづきから
　はじめから

自分でネタをつくるから……LEVEL UP！

話題にこまらなくなる

漫才に使えそうなネタをふだんから探すようになるので、友だちと話すときも、仕入れてあるネタを話題にして、会話を盛り上げることができます。

さまざまな視点で考えられるようになる

漫才の中では「先生役」「店員役」など、自分以外のさまざまな役になりきることも多いので、ものの見方や考え方の幅がグッと広がります。

言葉に興味がもてる

相手に笑ってもらえる言い方を考えていると、自然と言葉に興味がわいてきて、これまで知らなかった言葉や表現がどんどん覚えられます。

LEVEL UP!

ネタを練習するから……LEVEL UP！

仲間と協力して乗り越える経験ができる

漫才は、相方と力を合わせてつくり上げるもの。意見がぶつかったら、相手の意見を尊重しながら話し合い、ウケないときは一緒に改善点を考えていきます。

会話力がきたえられる

漫才が上手くなるように何度も練習することで、相手に伝わりやすい話し方や、相手を楽しませる会話力が身につきます。

> ガク、その話し方いいね！

> え、本当？

LEVEL UP!

人前で漫才を見せるから……LEVEL UP！

人を楽しませる喜びを味わえる

お客さんが喜んでくれると、自分もうれしくなります。すると「もっとたくさん笑ってほしい」「もっとだれかを喜ばせたい」という"おもてなしの心"が育ちます。

自分に自信がつく

何度か舞台に立つうちに、人前でも緊張せずに話せるようになり、どんなときでも自分らしく、自然体でいられるようになります。

LEVEL UP!

わははは

> ぼくがはじめて人前でネタをやったのは、小学校4年生のとき。そのときはコントだったんだけど、たくさん練習して、本番でたくさん笑ってもらえたから、自分に自信がもてるようになったんだ。今も「あのとき勇気を出してよかった！」って心から思っているよ！

9

こえろ！４つのハードル

「漫才に挑戦してレベルアップしたい！」と思った瞬間、目の前に現れる「４つのハードル」！ 漫才を始めるのに避けては通れない、この４つのハードルをどうやって乗り越えればいいのか、これまでの芸人人生で無数のハードルをクリアしてきたオシエルズ選手に、ちょっと話を聞いてみましょう！

じつは、おもしろいことは**紙とペンだけで簡単につくることができるよ！**小さく切った紙を20枚ぐらい用意して、そのうちの10枚には「強い」「虹色の」など名詞を説明する言葉を、残りの10枚には人やモノなどの名詞を書く。そこから１枚ずつ引いてくっつけると、「強い牛乳」「虹色のおじいちゃん」みたいに、ヘンな組み合わせの言葉がたくさんできあがるんだ。まずは、こういう言葉遊びから始めてみよう！

「ボケとツッコミ」の一番シンプルな形って、何だと思う？ それは「まちがいを指摘する」こと！たとえば、きみの好物が「たこ焼き」だとしたら、それがあったらぜったいにおかしいときや場所を考えてみる。これを漫才のやりとりっぽくすると……「遠足のおやつに何持ってく？」「たこ焼き」「いや、おかしいだろ！」ほら、あっという間に「ボケとツッコミ」ができちゃった！ これを３つつなげたら、立派なネタの完成だ！

おもしろいことが思いつかない！

ネタが書けない！

ネタのつくり方は、20〜43ページでくわしく解説しているよ！

これらのハードルは、すべて必ず乗り越えなければいけないわけではありません。みんなの中には「ネタは書けないけど、漫才はやりたい」という人も、きっといますよね？　そういう人は、ネタを書くのが好きな人とコンビを組めば問題なし！　反対に「自分で漫才はやらないけど、ネタだけ書きたい」そんな関わり方だって、もちろんOKです。無理してハードルを乗り越えようとはせず、自分らしく漫才を楽しんでいきましょう！

「そもそも、人前で何かするのがムリ！」という人はたくさんいるよね。そんな人は、次の4つの方法を試してみよう。①まずは1人、2人など少ない人数に見せ、**少しずつ見せる人数を増やしていく**②「だれだって最初は失敗して当たり前」「舞台を楽しまなきゃ損！」と考える③本番前には軽く体を動かし、**背筋を伸ばして深呼吸をする**④観客のうち数人に、前もってネタの内容を伝え、笑ってもらう。

じつは、一番やっかいなハードルが、これ！ぼくも中学1年生のときに「漫才をやりたい」と思って相方を必死に探したんだけど、結局、見つけるのに半年ぐらいかかったんだ。大切なのは、**「自分は漫才をやりたい！」とまわりに言い続けること**。それが人から人に伝わって、「ぼく（わたし）も！」という人に届くことがあるからね。見つからないうちは、おうちの人と一緒にやってみてもいいね！

人前で話すのが苦手……

相方がいない！

11

漫才を始める前に……

ハードルを無事に乗り越えたら、いよいよ漫才を始めていきましょう！　まずは漫才を披露するまでにどんなステップがあるのか、確認しておきます。右のページには、漫才をするときに大切な4つの「心得」を載せておいたので、各ステップに取り組みながら、これらがきちんと守れているかつねにチェックするようにしましょう！

漫才づくりの3ステップ

ネタをつくろう！ 　14〜43ページ

新開発の「だれもが漫才の天才になれちゃうプリント」、略して「漫天プリント」を使って、漫才をつくってみよう！　テーマにそってボケを考え、（　）の中に書きこんでいくだけで、あっという間に漫才が完成するよ。入門編から始まって、コント漫才編、しゃべくり漫才編、総合編と少しずつレベルアップしていくので、ぜひ挑戦してみてね！

やってみよう！ 　44〜55ページ

「漫天プリント」で漫才の台本が完成したら、相方と一緒に練習してみよう！　ここでは、相方の探し方からネタの決め方、ネタ合わせのやり方、よりおもしろくするための工夫、ウケないときの対処法まで、ていねいに解説しているので、納得いくまで自分たちのネタを磨き上げよう！

披露しよう！ 　56〜60ページ

いよいよ、練習の成果を発揮するとき！　ということで、ここではネタを披露できるチャンスやそのときの注意点、クラスで漫才大会を開く方法などを紹介しているよ。とくに、漫才大会のやり方では、クラスで話し合う内容、グループの決め方、会場のつくり方などものせているので、ぜひ参考にしてみてね！

漫才をするときの心得～四か条～

一、相方を信頼せよ

漫才は1人ではできん。だからこそ、相方はなくてはならない存在じゃ。ときには意見がぶつかったり、ケンカになったりすることもあるじゃろうが、それでも相方を信じ続けること！ **自分が相手を信じるからこそ、相手も自分を信じてくれるのじゃ。** 舞台上でおぬしがこまったとき、助けてくれるのは相方だけじゃ。漫才をしないときも一緒に話したり遊んだりして、仲良くなっておくのじゃぞ。

二、人の意見は素直に受け入れるべし

自分たちがやりたいことと、実際にお客さんから見えているものにズレがあるというのは、よくある話。だからこそ、お客さんの声を聞くことはとても大事なんじゃ。ときには、きびしい意見をもらうこともあるが、「あの人はわかってない！」と否定するのではなく、**「お客さんにはそういう風に見えていたんだ」と冷静に受け止めるこ**と。それが、成長への一番の近道なのじゃ。

三、だれかが傷つくネタはしない

笑いは、人を楽しませるもの。だれかが傷つくようなネタをするなど、言語道断じゃ！ ネタができたら、それを**見る人たち全員が心から笑えるネタかどうか、必ず確認するように。** また、ツッコむときに頭や体を強くたたくのも禁止！ たたいて笑いを起こせるのは、深い信頼関係と高度なテクニックをもち合わせたプロの漫才師だけじゃ。万が一、だれかを傷つけてしまったら、すぐに心からあやまるのじゃぞ！

四、「スベって当たり前」と思え

どんなにすごい芸人さんでも、デビューしたばかりの頃はスベりまくっておった。みんなも、スポーツや音楽などの習い事を始めたときは、何度も失敗をくり返しながら、少しずつ上手くなっていったじゃろう？ 漫才も一緒じゃ。スベったら**「よし、いい失敗ができた！ ナイス・チャレンジ！」と自分をほめてやろう。** 前もって、スベったときの対処法を考えておくのも手じゃぞ。くわしくは54～55ページをチェックじゃ！

漫才師範・矢島

これが漫天プリントだ

さあ、いよいよ漫才づくりに挑戦です！ だれもが"漫才の天才"になれる魔法のプリント「漫天プリント」の出番がついにやってきました！ まずは、これから取り組んでいく「漫天プリント」がどんなプリントなのか、その中身をくわしく紹介していきましょう。

お題
これからどんな設定で、どんなことを考えていくのかが書かれているよ。

アイデアスペース
お題を受けて、ボケにつながるアイデアを練る場所。自由に、思いつくままに、できるだけたくさんのボケを書き出してみよう。

まさに世紀の大発明〜！！

入門編❶ おもしろ自己紹介

お題	自己紹介で、みんなから「それウソじゃん」ツッコまれた。何と言った？

● アイデアスペース

- フルートを習っています。× ウソかホントかよくわからない
- 家が東京ドーム３個分の広さです。
- ペットでイグアナをかっています。×
- ペットでゾウをかっています。
- ペットでキリンをかっています。
- お父さんがコアラです。

● 上で書いたボケの中から、気に入ったものを３つ選んで、下の（❶〜❸）に書こう。また、それぞれのボケに対するツッコミを考えて、（❶〜❸）に書いてみよう。

ボケ	じつは（ぼく・わたし）（❶）ペットでゾウをかっています
ツッコミ	それウソじゃん！（❶）ペットにするには大きすぎるよ！
ボケ	じつは（ぼく・わたし）（❷）キリンもかっています
ツッコミ	それもウソ！（❷）……
ボケ	じつは（
ツッコミ	それもウ

下書き
アイデアスペースに書いた中から気に入ったボケを選んで、ボケのセリフの（ ）を埋めていこう。ボケのセリフがだいたい決まったら、ツッコミのセリフも考えて、メインのやりとりを完成させよう。

清書

漫才の導入部分とオチの部分はすでに書かれているので、メインの部分に「下書き」で書いた内容をそのまま書き写して、漫才を完成させよう！　一番上にグループ名を記入する欄があるけど、ここは後まわしにしてもOK！

漫天プリントの活用方法

❶ 右のQRコードから、漫天プリントをダウンロードしよう。入門編①から順に取り組むのがおすすめ！

❷ 次に、「お手本動画」を見て、どんな漫才をつくるのか確認しよう。各プリントの解説ページ（20〜39ページ）にあるQRコードからアクセスしてね。お手本動画を全部まとめて見たいときは、こちら！

❸ いよいよ漫天プリントにチャレンジ！　タブレット上で、直接タッチペンなどを使って書き込んでもいいし、印刷したプリントに鉛筆で書いてもOK。

❹ 完成したプリントは大切に保管して、自分だけの「ネタ帳」をつくろう！

入門編①　おもしろ自己紹介

1-1 で書いたボケとツッコミを、下の同じ番号の　　　　　に書き写してさせよう！

ふたり　どうもー、（グループ名：　**きなこもち**　）よろしくお願いしまーす。

ボケ　じつは（ ぼく ・わたし）、まだみんなに言ってないことがあって……

ツッコミ　えっ、なになに？　教えてよ。

ボケ　じつは（ ぼく ・わたし ）
　　① 　ペットでゾウをかっています。

ツッコミ　それウソじゃん！
　　❶ 　ペットにするには大きすぎるよ！

ボケ　あと、じつは（ ぼく ・わたし）
　　② 　キリンも かっています。

ツッコミ　それもウソ！
　　❷ 　ゾウもキリンも 家じゃかえないよ！

ボケ　あと、じつは（ ぼく ・わたし）
　　③ 　お父さんがコアラなんです

ツコミ　それもウソ！
　　❸ 　じゃあ、きみはどうやって産まれてきたの？

ボケ　そんな（ ぼく ・わたし ）の自慢は、　　　　　　　たことがないことです！

コミ　それが1番のウソだわ

り　どうも、ありがとう

漫才が できた！

各プリントの解説ページには、アイデアを思いつくコツや、ツッコミのセリフの考え方ものせているので、ぜひ参考にしてね！

おおおおおー!!!

これならぼくにもつくれるかも……！

めっちゃおもしろそう！

すごい！わかりやすい！

15

大喜利ってなんだ？

漫天プリントを始める前に、ここで少しウォーミングアップ！　あなたは「大喜利」という遊びを知っていますか？　芸人さんがテレビ番組の企画でやっているのを見たことがあるという人もいると思いますが、大喜利とは、出されたお題に対して回答者たちがおもしろい答えを考え、次々と発表していくもので、ネタづくりの基礎とも言えます。頭がやわらかくなり、ネタのアイデアも浮かびやすくなるので、ぜひ一度、挑戦してみてください！

芸人さんの頭の中をのぞいてみると……

お題

それ、遠足の前日に先生は何と言

O-GIRI

遠足の前日なのに、まだ行き先が決まってなかったらおもしろいよな。しかも、超テキトーな決め方だったら……！

先生が言うセリフで一番意外なのは……「明日、休みます」。休む理由で、先生のイメージから一番遠いものといえば……

今から
明日の行き先を
ダーツで決めます

明日、先生はアイドルの
握手会があるから
休む！

大喜利でウケる回答には、じつは共通点があるんだ。1つ目は「意外性があること」、2つ目は「共感できること」、3つ目は「視点が新しいこと」。他にも言葉のチョイスや、回答者のキャラクターがウケのカギをにぎっていることもある。みんなも自分なりの回答を考えてみてね！

もっと知りたい！

大喜利は歌舞伎から生まれた！

「大喜利」という言葉は、歌舞伎で使われる用語が元になって生まれました。歌舞伎では、一日の公演の最後を楽しく締めくくるための一幕を「大切り」と呼びますが、それが落語や漫才などの演芸に取り入れられて、「演目の最後に大勢でおもしろいことを見せる」という意味に変わっていったのです。現在では、ひとつのお題に対して、落語家さんや芸人さんがたくさんボケて、座布団の枚数やポイント数などでおもしろさを競うようなものが一般的になっています。

言うことか？った？

GRAND PRIX

みんな言葉でボケてきそうだな。よし、ここは得意な絵を生かしたボケで勝負だ。遠足といえば……バスか

えー、明日はこれで行きます

「マジでどうでもいい」っていう答えを出したいなあ……。遠足……遠足……「遠い」「足」……「遠い足」？　はあ？　これ使えるか？

「遠足」の反対語がこれになります

近手

大喜利脳をきたえよう！

ひとつのテーマの中で想像を広げ、「おもしろい」を生み出す大喜利。大喜利ができる頭「大喜利脳」をきたえることは、漫才のアイデアを考えることはもちろん、ふだんの生活をより楽しむことにもつながります。「見方を少し変えるだけで、自分たちが住む世界はこんなにおもしろい！」と思えたら、どんなときも明るく生きていけそうですよね！　ここでは、大喜利脳をきたえる方法を3つ、紹介します。

方法①

おもしろ 視力

みんなの身のまわりには、気づいていないだけで、ヘンテコなものやおもしろいものがいっぱいあるよ。まずは「これ何かヘン！」「何か笑える！」と思うものを10個、見つけてみよう。それぞれ、なぜこうなったのか考えたり、実際に調べてみたりしてもいいね！

居酒屋

あのマンホールのふた、
よく見たら
人の顔っぽいぞ！

馬場

バーバーババ

馬場さんがやっている
理容室だから
「バーバーババ」なのか！

方法②

おもしろ 脳力

目や耳から得られた情報について、「なぜそうなの？」や「もしも〜だったら？」のように考えたり、想像をふくらませたりしてみよう。本当の答えよりも「自分なりのおもしろい答え」を探してみてね！　また、その背景にはどんなドラマがあるのか、そのときに交わされる言葉は？……など、深掘りしていくと、さらに思考力や発想力が磨かれていくよ。

飛行機のパイロットって、UFO発見してそうだな。発見したら、『UFO発見！』って無線で報告するのかな？　1年に何回ぐらいUFOが見つかるんだろう？

仮に、飛行機と同じ大きさの紙飛行機があったとして、すごく高いところから飛ばしたとしたら、どうなるんだろう？富士山のてっぺんから巨人に飛ばしてもらったら、ぼくの家まで届くかな？

方法③

おもしろ 聴力

友だちや先生、家族から聞いたおもしろい話や、世の中で話題になっているニュースは必ずチェックするなど、情報や知識をどんどん仕入れよう。また、思いがけないところで耳に飛び込んできた気になる言葉や表現があったら、忘れないうちにメモしておこう！

コアラって1日20時間くらい寝るらしいわよ。あんたみたいね！

そんなに寝れるか！おまえのいびきで起こされるんだよ！

入門編①

おもしろ自己紹介

記念すべき第1回のテーマは、だれもが一度は経験がある「自己紹介」です！　自己紹介で明らかなウソをついて、それに「ウソじゃん！」とツッコめば、なんと漫才になってしまうんです！　まあ、ダマされたと思ってやってみてください。「ウソ」みたいに早く漫才ができあがりますよ！

たとえば、こんなかんじ……

お手本動画はこちらから！

ボケ

じつはぼく……
身長が100メートルあるんです

それウソじゃん！　そんなにあったら教室の天井をぶちやぶってるよ！

ツッコミ

ボケ

あと……
江戸時代に生まれました

それもウソ！　じゃあ今何歳なんだよ！

ツッコミ

ボケ

あと……
100メートル3秒で走れます

それもウソ！
100メートル3秒って、チーターか！

ツッコミ

ポイント

「ウソかホントかよくわからないウソ」に注意！

「ウソ」は、漫才の基本。でも、ウソなら何でもいいわけじゃない！　「じつはぼく、ピーマンが苦手なんです」って言われても、「いや……それウソなの？　ホントなの？　どっち!?」ってなっちゃうよね。だれが聞いても「そりゃあぜったいにウソだよ！」ってわかるようなウソを考えてみよう！

漫天プリントに挑戦！

1-1
記入例

漫天プリント **1-1**

入門編 **1** おもしろ自己紹介

お題	自己紹介で、みんなから「それウソじゃん！」とツッコまれた。何と言った？

● アイデアスペース

- フルートを習っています。× ウソかホントかよくわからない
- 家が東京ドーム 3 個分の広さです。
- ペットでイグアナをかっています。×
- ペットでゾウをかっています。
- ペットでキリンをかっています。
- お父さんがコアラです。

● 上で書いたボケの中から、気に入ったものを 3 つ選んで、下の（①〜③）に書こう。また、それぞれのボケに対するツッコミを考えて、（❶〜❸）に書いてみよう。

ボケ	じつは（ぼく・わたし）（① ペットでゾウをかっています ）
ツッコミ	それウソじゃん！（❶ ペットにするには大きすぎるよ！ ）
ボケ	じつは（ぼく・わたし）（② キリンもかっています ）
ツッコミ	それもウソ！（❷ ゾウもキリンも家じゃかえないよ！ ）
ボケ	じつは（ぼく・わたし）（③ お父さんがコアラなんです ）
ツッコミ	それもウソ！（❸ じゃあ、きみはどうやって産まれてきたの？ ）

こんなことを考えよう！

ひとつひとつのボケには、つながりがなくてもかまわないけど、この例のように「ペット」や「家族」「習い事」など、**ひとつテーマを決めてボケを考え、自然な会話のような流れをつくる**と、より漫才っぽくなるよ。また、ツッコミは、どんなことを言えばそのボケがよりおもしろく伝わるかを考えてみよう。たとえば、そのウソが本当だとしたら、具体的にどのような問題が起きるかな？

じつはぼくの家、東京ドーム 3 個分の広さがあります

それウソじゃん！この前遊びに行ったけど、そんなに広くなかったわ！

1-2
記入例

入門編 **1** おもしろ自己紹介
漫天プリント **1-2**

1-1 で書いたボケとツッコミを、下の同じ番号の □ に書き写して、漫才を完成させよう！

ふたり	どうもー、（グループ名： きなこもち ）です。よろしくお願いしまーす。
ボケ	じつは（ぼく・わたし）、まだみんなに言ってないことがあって……
ツッコミ	えっ、なになに？ 教えてよ。
ボケ	じつは（ぼく・わたし） ① ペットでゾウをかっています。
ツッコミ	それウソじゃん！ ❶ ペットにするには大きすぎるよ！
ボケ	あと、じつは（ぼく・わたし） ② キリンもかっています。
ツッコミ	それもウソ！ ❷ ゾウもキリンも家じゃかえないよ！
ボケ	あと、じつは（ぼく・わたし） ③ お父さんがコアラなんです
ツッコミ	それもウソ！ ❸ じゃあ、きみはどうやって産まれてきたの？
ボケ	そんな（ぼく・わたし）の自慢は、今まで 1 回もウソをついたことがないことです！
ツッコミ	それが 1 番のウソだわ！ もういいよ。
ふたり	どうも、ありがとうございましたー！

完成

もっと おもしろくするには

自分の見た目やイメージと反対のことをウソにする

髪が短いのに「ロングヘアーが自慢です！」と言ってみたり、クラスでは優等生キャラなのに「宿題を 1 回もやったことがありません！」と言ってみたり。自分にはまったくない個性でウソをつくと、**ギャップが大きくなって、よりおもしろくなる**よ。思いつかないときは、家族や友だちに自分がどんなウソをついたらおもしろいか、インタビューしてみてもいいね。

入門編②

おもしろ学校紹介

第2回のテーマは、みんなが毎日通う「学校」です。第1回と同じく、ありえない学校紹介にツッコんでいけば、漫才が自然に完成します。まずは、「こんな学校はいやだ！どんなの？」という大喜利の答えを、できるだけたくさん考えてみましょう！

たとえば、こんなかんじ……

お手本動画はこちらから！

ボケ
ウチの学校さあ……
いつもろう下が水びたしなんだよね

なんでだよ！　本当の意味で
走ったら危ないろう下なんかい！
ツッコミ

ボケ
あとさあ……
校長先生が100人いるんだよね

なんでだよ！　もう8人目ぐらいから
やる仕事ないでしょ？
ツッコミ

ボケ
あとさあ……
テストで99点以下を取ると給食抜きなんだ

なんでだよ！　満点取れなかった人への
ペナルティが重すぎるって！
ツッコミ

ポイント

まったく関係がないもの同士を結びつけてみる

相手がアッとおどろくようなボケは、ふつうに考えていてもなかなか出てこない。そんなときは、「校門」と「ゼリー」、「教室」と「ラクダ」のように、ふつうならぜったいに結びつかないようなモノとモノを組み合わせてみよう。ふたつが遠ければ遠いほど、おもしろい答えになるよ。発想力のトレーニングにもなるので、ぜひたくさん考えてみよう！

漫天プリントに挑戦！

こんなことを考えよう！

漫才では、聞く人たちにできるだけ同じイメージをもってもらうことがとても大切なんだ。人によって浮かぶイメージがバラバラだと、笑いが起きづらくなってしまうからね。そこで大事なのが**「より具体的な表現を使う」**こと！　たとえば「校歌が長すぎる」と言うよりも、「歌うのに1時間かかる」と具体的な数字を出したほうが想像しやすいよね。そうすると、それに対するツッコミの「ぜったいに覚えられないじゃん！」というセリフも、より生きてくるよ！

ウチの学校、修学旅行先が近所の公園なんだよね

歩いて行けちゃうよ！特別感なくて空しくなるわ！

2-1
記入例

漫天プリント 2-1

入門編❷	おもしろ学校紹介
お題	「なんだそりゃ！」と言いたくなる、学校の特ちょうとは？

● アイデアスペース

- 校歌を歌いきるのに1時間かかる
- 運動会で42.195kmを走る「フルマラソン」がある
- 卒業式で校長先生とのジャンケンに勝たないと卒業できない
- 飼育小屋にトラが入っている ×ちょっと怖い？
- 黒板が白い ×それはただのホワイトボード？
- チャイムの音が小さすぎて聞こえない

●上で書いたボケの中から、気に入ったものを3つ選んで、下の（①〜③）に書こう。また、「どんなふうにイヤなのか」「本当にそうだとしたら、どんな問題が起きるのか」を想像しながら、ツッコミ（❶〜❸）も考えてみよう。

ボケ	ウチの学校さあ……（① 校歌を歌いきるのに1時間かかるんだ ）
ツッコミ	なんでだよ！（❶ そんなのぜったいに覚えられないじゃん！ ）
ボケ	あと、（② 運動会で42.195kmを走る「フルマラソン」があるんだ ）
ツッコミ	なんでだよ！（❷ 運動がガチすぎるって！玉入れとかつな引きとかでいいから！ ）
ボケ	あと、（③ 卒業式で校長先生とのジャンケンに勝たないと卒業できないんだ ）
ツッコミ	なんでだよ！（❸ 負けたら小学7年生です……って、悲しすぎるわ！ ）

もっと おもしろくするには

ツッコミは「設定→展開→気持ち」で考える

ツッコミのセリフは、ボケのセリフがもし本当だったら「こんな設定で、こんな展開になって、こんな気持ちになりそう」というように、「設定→展開→気持ち」を入れてつくると、よりおもしろくなるよ。たとえば、「負けたら小学7年生です……って、悲しすぎるわ！」というツッコミの場合は、「負けたら」が設定、「小学7年生」が展開、「悲しすぎる」が気持ちだね。

2-2
記入例

入門編❷ おもしろ学校紹介	漫天プリント 2-2

2-1 で書いたボケとツッコミを、下の同じ番号の___に書き写して、漫才を完成させよう！

ふたり	どうもー、（グループ名： うずらのたまご ）です。よろしくお願いしまーす。
ボケ	聞いてよ。ウチの学校さ、他の学校とちょっとちがうんだよね。
ツッコミ	え？　ちがうって、どんなふうに？
ボケ	たとえば、
	① 校歌を歌いきるのに1時間かかるんだ
ツッコミ	なんでだよ！
	❶ そんなのぜったいに覚えられないじゃん！
ボケ	あと、
	② 運動会で42.195kmを走る「フルマラソン」があるんだ
ツッコミ	なんでだよ！
	❷ 運動がガチすぎるって！玉入れとかつな引きとかでいいから！
ボケ	それから、
	③ 卒業式で校長先生とのジャンケンに勝たないと卒業できないんだ
ツッコミ	なんでだよ！
	❸ 負けたら小学7年生です……って、悲しすぎるわ！
ボケ	こんな学校なんだけどさ、うちに転校してこない？
ツッコミ	絶対イヤ！　もういいよ。
ふたり	どうも、ありがとうございましたー！

完成

コント漫才編 ①

おもしろ言いワケ

ここからは、漫才の中で何かの役を演じる「コント漫才」に挑戦していきましょう。入門編ではボケを考えることがメインでしたが、コント漫才編ではボケを展開させて、ラストのオチ（結末）までストーリーをつなげていきます。今回は、学校の先生役と生徒役に分かれて、生徒が遅刻した理由を先生に話す場面をつくってみましょう！

たとえば、こんなかんじ……

お手本動画はこちらから！

（生徒）

ボケ　先生、遅刻してすみません！

（先生）

ツッコミ　謝ればいいってもんじゃないぞ。いったい、なんで遅刻したんだ？

ボケ　はい、子どもたちにいじめられているカメを助けていたら、遅刻しました！

ツッコミ　浦島太郎か！　ていうか、その子どもたちもそんなことしてないで、学校に行きなさい！

ボケ　その後、カメが竜宮城に連れてってくれると言ったんですが、「ボク、泳げないんだ」って丁重にお断りしました

ツッコミ　泳げてたら行ってたんかい！　そこはちゃんと「学校があるから行けない」って断れよ！

ボケ　……ていう夢を見てました！

ツッコミ　結局、寝坊かーい！

 ポイント

ボケを展開させてストーリーをつくろう

つながりのないボケをただ並べただけだと、一発ギャグと同じでストーリーにはならないよね。1つ目のボケ「遅刻した理由（何があった？）」と、2つ目のボケ「展開（それからどうなった？）」でひとつのお話になるように、2つのボケをまとめて考えるとストーリーができあがるよ！

漫天プリントに挑戦！

3-1 記入例

漫天プリント **3-1**

コント漫才編① おもしろ言いワケ

お題	「なに？　その遅刻の言いワケ」 どんなの？

遅刻した理由（言いワケ）	それからどうなった？
・お母さんが朝ごはんをつくりすぎて、全部食べるまで学校に行っちゃダメ！と言われたから。	→ ・結局、食べきれなかったので、おにぎりにラップに包んでポケットに入れて持ってきた。
・目覚まし時計を押そうとしたら、逃げ出してしまったから。	→ ・追いかけて行ったら、パパ目覚まし時計とママ目覚まし時計に合った。
・今日の占いでラッキーアイテムだった「赤いハンカチ」を探していたから。	→ ・どこにもなかったので、ハンカチをトマトジュースにつけて、かわかした。

●上で書いたボケの中から1つ選んで、①には「遅刻した理由」を、②には「それからどうなった？」をセリフにして書こう。また、それぞれに対するツッコミ（❶・❷）も考えてみよう。

ツッコミ　どうして遅刻したの？

ボケ　（① 今日の占いでラッキーアイテムだった「赤いハンカチ」を探してました！　）

ツッコミ　（❶ わざわざ遅刻してまで探すもの！？　だいたい遅刻してる時点でラッキーじゃないからね？　）

ボケ　（② でも、どこにもなかったので、白いハンカチをトマトジュースにつけて、かわかしてました。　）

ツッコミ　（❷ 何やってんの！　そんな時間があるなら、1秒でも早く学校に来なさい！　）

もっと おもしろくするには

役になりきって セリフを考える

漫才はふつう、ありのままの自分で話すけど、それが逆に「はずかしい」「やりづらい」と感じる人もいるよね。そういう人は、**自分以外の何かになりきった方が表現しやすいこともある**から、コント漫才ではそれぞれの役になりきって、「この人だったらこんなとき、こんなふうにツッコみそう」などとイメージをふくらませながら、セリフを考えてみるといいよ。

こんなことを考えよう！

話は、途中で何か大きな「変化」があると、一気におもしろくなるんだ。たとえば、貧乏だった主人公が急にお金持ちになったり、楽しく始まったお話が、とつぜん起きた事件で一気に深刻な話になったりすると、すごく心をつかまれるよね。だから、「それからどうなった？」を考えるときは、**できるだけ意外な展開になるように**心がけてみよう。

朝起きたら、お母さんがウサギになってたんです！

何それ！悪い魔女に呪いでもかけられたの？

3-2 記入例

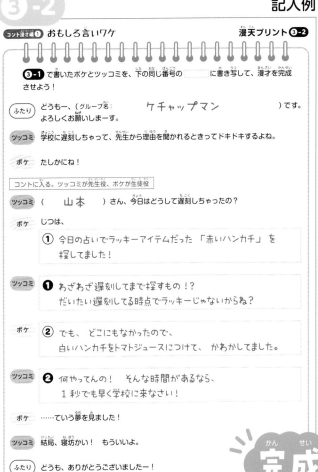

コント漫才編① おもしろ言いワケ

漫天プリント **3-2**

3-1 で書いたボケとツッコミを、下の同じ番号の　　に書き写して、漫才を完成させよう！

ふたり　どうもー、（グループ名：　ケチャップマン　）です。よろしくお願いしまーす。

ツッコミ　学校に遅刻しちゃって、先生から理由を聞かれるときってドキドキするよね。

ボケ　たしかにね！

コントに入る。ツッコミが先生役、ボケが生徒役

ツッコミ　（　山本　）さん、今日はどうして遅刻しちゃったの？

ボケ　じつは、

① 今日の占いでラッキーアイテムだった「赤いハンカチ」を探してました！

ツッコミ　❶ わざわざ遅刻してまで探すもの！？　だいたい遅刻してる時点でラッキーじゃないからね？

ボケ　② でも、どこにもなかったので、白いハンカチをトマトジュースにつけて、かわかしてました。

ツッコミ　❷ 何やってんの！　そんな時間があるなら、1秒でも早く学校に来なさい！

ボケ　……ていう夢を見ました！

ツッコミ　結局、寝坊かい！　もういいよ。

ふたり　どうも、ありがとうございましたー！

完成

コント漫才編② レベル ★★★☆☆

ニュース キャスター

今回は、1人が役を演じ、もう1人がそれを見てツッコむ形のコント漫才です。設定は「ニュースキャスター」。まず番組名でボケて、次にニュースの内容でボケて、さらにその後の展開でもボケていきます。こんなふうにストーリーを自分で展開できるようになると、漫天プリントがなくてもサクサク漫才がつくれるようになりますよ！

たとえば、こんなかんじ……

お手本動画はこちらから！

ボケ：じつはぼく、ニュースキャスターにあこがれてまして、やってみてもいいですか？

ツッコミ：いいね。じゃあその番組みてみるわ

ボケ：こんばんは。『真実は闇の中』のお時間です

ツッコミ：どんな番組名だよ！ ニュースなんだから、真実を明らかにしてよ！

ボケ：昨日夕方6時ごろ、野原町の佐藤さん宅で、夕飯のおかずのからあげが何者かによってつまみ食いされているのが発見されました

ツッコミ：どうでもいいよ！ どうせ家族のだれかでしょ！

ボケ：警察は、佐藤家の長男、小学5年生のコウタくんの口が油でツヤツヤだったことから、容疑者と見て、事情聴取を行っています

ツッコミ：んなことで警察を呼ぶなよ！ コウタも「ごめんなさい」の一言ですませなさい！

ポイント ニュースにならないことを考えてみよう

ニュースというと、「世間を揺るがす重大な事件」をまじめに伝えるイメージがあるよね。だから、ここではそのイメージとは真逆の「身近すぎてどうでもいいような出来事」をニュースっぽくしゃべるだけで、十分おもしろくなるよ。あまりかわいそうなニュースだと聞く人がいやな気持ちになって、笑いにつながらないから、できるだけだれも傷つかない、聞く人がホッコリするようなニュースを考えてみよう！

26

● 漫天プリントのダウンロードは 15 ページから！

漫天プリントに挑戦！

4-1

記入例

漫天プリント 4-1

コント漫才編❷ ニュースキャスター

お題①	「なにそれ？」と言われそうなニュース番組の名前は？

「報道ターミナル」 「猫しか出てこないニュース」 「1年前のニュース」

お題②	視聴者から「そのニュース、どうでもいいよ！」と総ツッコミ。どんなニュース？

②どんなニュース？	③そのあと、どうなった？
・「公園のすべり台が、全然すべらない」と小学生から110番通報。	・かけつけた警察がすべり台にワックスをかけてすべりやすくした。
・小学校で飼育されているウサギ小屋の看板が、「ウサギ」から「ウナギ」にすりかえられた。	・校長先生が、看板の「十」のところに1本線を足して「サ」にもどした。
・給食のお皿に、きらいなピーマンだけが取り残された。	・レスキュー隊によって救助され、無事○○くんの口へ運ばれた。

● 上で書いたボケの中から、気に入った答えをそれぞれ（①〜③）に書こう。
また、それぞれのボケに対するツッコミを考えて、（❶〜❸）に書いてみよう。

ボケ　こんばんは、『① 報道ターミナル　　　　　　　　』のお時間です。

ツッコミ　（❶ どっかの番組名っぽいなぁ！　駅から空港に変えただけでしょ！　）

ボケ　（② 昨日、野原小学校で飼育されているウサギ小屋の看板が、「ウサギ」から「ウナギ」にすりかえられる事件がありました。）

ツッコミ　（❷ どうでもいいよ！　たしかに「ウサギ」と「ウナギ」って、カタカナで見たら似てるけど！　）

ボケ　（③ その後、校長先生が看板の「十」のところに1本線を足し、「サ」にもどす対策を行ったということです。）

ツッコミ　（❸ 校長先生に何させてんだよ！　それなら新しく看板つくらなくていいねぇ……じゃないんだよ！　）

こんなことを考えよう！

「そのあと、どうなった？」のボケは、その事件がどんなふうに解決したらおもしろいかを考えると、思いつきやすいよ。一番考えやすいのは「大げさな解決法」。たとえば、「お皿にピーマンが残っていた」だけなのに「レスキュー隊が出動した！」とかね。**全然大したことないことを大げさに表現するというのは、お笑いの基本テクニック**だから、ぜひ覚えておこう！

昨日、「もみじ公園のすべり台が全然すべらない」と小学生から110番通報がありました

そのニュースどうでもいいわ！

4-2

記入例

コント漫才編❷ ニュースキャスター　　**漫天プリント 4-2**

4-1 で書いたボケとツッコミを、下の同じ番号の　　に書き写して、漫才を完成させよう！

ふたり　どうもー、（グループ名：　ナイフとフォーク　　）です。よろしくお願いしまーす。

ボケ　じつは、（ぼく・わたし）ニュースキャスターにあこがれてまして、ちょっとやってみてもいいですか？

ツッコミ　いいね。じゃあその番組みてみるわ。

ボケ　こんばんは、「① 報道ターミナル　　　　　　　」のお時間です。

ツッコミ　❶ どっかの番組名っぽいなぁ！　駅から空港に変えただけでしょ！

ボケ　② 昨日、野原小学校で飼育されているウサギ小屋の看板が、「ウサギ」から「ウナギ」にすりかえられる事件がありました。

ツッコミ　❷ どうでもいいよ！　たしかに「ウサギ」と「ウナギ」って、カタカナで見たら似てるけど！

ボケ　③ その後、校長先生が看板の「十」のところに1本線を足して「サ」にもどす対策を行ったということです。

ツッコミ　❸ 校長先生に何させてんだよ！　それなら新しく看板つくらなくていいねぇ……じゃないんだよ！

ボケ　以上、ニュースをお伝えしました。

ツッコミ　いや、今日のニュースそれだけ？　もういいよ。

ふたり　どうも、ありがとうございましたー！

完成

もっと おもしろくするには

ニュース番組っぽい言葉や言い回しで雰囲気を出す

ニュース番組をみていると、ニュースキャスターがよく使う言葉や、独特の言い回しがあることに気がつくよね。事件の場合、「警察によると」や「○○の方向で捜査を進めています」ってよく耳にするし、「昨夜○時ごろ」や「○○の路上で」のように、時間や場所をはっきりさせるセリフも多く聞かれるね。**演じる相手をよく観察して、言葉づかいや仕草を似せる**と、お客さんからの共感が得られやすくなるよ！

コント漫才編 ❸

ファミリー レストラン

コント漫才編の最終回では、コントに入ってから最後のオチまで、すべてのボケとツッコミを考えてみましょう。舞台は、みんな大好きファミリーレストラン！　ファミレスにお客さんが入って来てから、帰るまでの流れをつくっていきます。ちょっと大変かもしれませんが、想像力をふくらませて取り組んでみましょう！

たとえば、こんなかんじ……

お手本動画はこちらから！ →

（店員）

ボケ
いらっしゃいませ！　1名様ですか？よかったら、一緒に食べましょうか？

（お客さん）

別にさみしくないよ！あなた失礼ですよ？

ツッコミ

ボケ
こちらの席へどうぞ！　ご注文が決まりましたら、こちらのタンバリンを持って踊ってください

はずかしいわ！　ふつう、呼び出しボタンとかでしょ！ちなみに、おすすめのメニューはありますか？
ツッコミ

ボケ
コンビニで買ってきた肉じゃがです

お店でつくったのを出してくださいよ！　あなた、さっきからふざけてるんですか？　帰りますよ！

ツッコミ

ボケ
すみません、おわびに昨日で期限が切れたクーポン券をさしあげます

いらないよ！

ツッコミ

ポイント

店員さんとのやりとりを思い出そう

ファミレスでのお決まりのやりとりはたくさんあるけど、ここでは「①入口でのやりとり、②呼び出しのルール、③おすすめの料理、④おわびの品をわたす」の４つの場面でボケを考えてみよう。きみがファミレスに行ったとき、店員さんとおうちの人がどんなやりとりをしていたか思い出しながらやってみてね！

漫天プリントに挑戦！

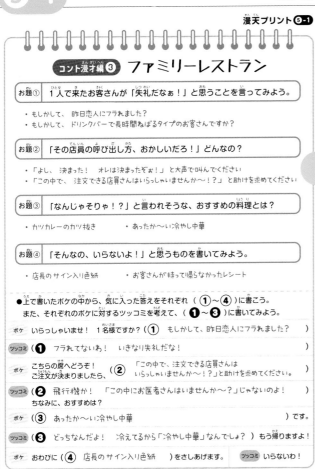

5-1　記入例

漫天プリント 5-1

コント漫才編❸ ファミリーレストラン

お題① 1人で来たお客さんが「失礼だなぁ！」と思うことを言ってみよう。

・もしかして、昨日恋人にフラれました？
・もしかして、ドリンクバーで長時間ねばるタイプのお客さんですか？

お題② 「その店員の呼び出し方、おかしいだろ！」どんなの？

・「よし、決まった！　オレは決まったぞぉ！」と大声で叫んでください
・「この中で、注文できる店員さんはいらっしゃいませんか〜！？」と助けを求めてください

お題③ 「なんじゃそりゃ！？」と言われそうな、おすすめの料理とは？

・カツカレーのカツ抜き　　・あったか〜い冷やし中華

お題④ 「そんなの、いらないよ！」と思うものを書いてみよう。

・店長のサイン入り色紙　　・お客さんが持って帰らなかったレシート

●上で書いたボケの中から、気に入った答えをそれぞれ（①〜④）に書こう。
また、それぞれのボケに対するツッコミを考えて、（❶〜❸）に書いてみよう。

ボケ いらっしゃいませ！　1名様ですか？（① もしかして、昨日恋人にフラれました？ ）

ツッコミ （❶ フラれてないわ！　いきなり失礼だな！ ）

ボケ こちらの席へどうぞ！ご注文が決まりましたら、（② 「この中で、注文できる店員さんはいらっしゃいませんか〜！？」と助けを求めてください。 ）

ツッコミ （❷ 飛行機か！　「この中にお医者さんはいませんか〜？」じゃないのよ！ ）ちなみに、おすすめは？

ボケ （③ あったか〜い冷やし中華 ）です。

ツッコミ （❸ どっちなんだよ！　冷えてるから「冷やし中華」なんでしょ？ ）もう帰りますよ！

ボケ おわびに（④ 店長のサイン入り色紙 ）をさしあげます。　**ツッコミ** いらないわ！

もっと おもしろくするには

シーンを追加してもOK！

ファミレスならではのやりとりは、まだまだたくさんあるよね。「テーブルとカウンター、どちらがよろしいですか？」「パンとライス、どちらになさいますか？」「ドリンクバーは付けますか？」「お会計○○円になります」などなど。最近は、注文用のタッチパネルや配膳ロボットを導入しているお店も多いよね。漫天プリントに取り組みながら、「こんなのもあるなぁ……」とアイデアが浮かんできた人は、そのアイデアも加えて長めのネタにつくり変えてみよう！

こんなことを考えよう！

コント漫才では、ツッコミが役に入ったままツッコむパターンと、役から外れてツッコむパターンがあるから、ツッコミのセリフを考える前に、どちらでいくか決めておこう。たとえば、お客さん役のままツッコむなら、店員に対してはつねによそよそしい言い方にしたほうがリアルだよね。逆に、役から外れてツッコむ場合は、役が切り替わったことがわかるように、セリフを工夫しよう。

おすすめ料理は
カツカレーの
カツ抜きです

それって
ふつうのカレー
ですよね？

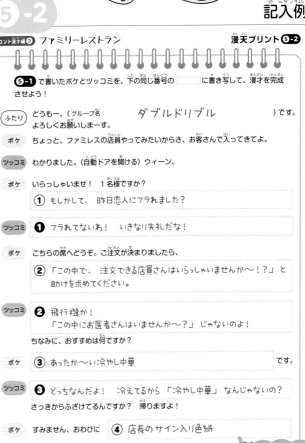

5-2　記入例

コント漫才編❸ ファミリーレストラン

漫天プリント 5-2

5-1 で書いたボケとツッコミを、下の同じ番号の　に書き写して、漫才を完成させよう！

ふたり どうもー、（グループ名：　ダブルドリブル　）です。よろしくお願いしまーす。

ボケ ちょっと、ファミレスの店員やってみたいからさ、お客さんで入ってきてよ。

ツッコミ わかりました。（自動ドアを開ける）ウィーン。

ボケ いらっしゃいませ！　1名様ですか？

① もしかして、昨日恋人にフラれました？

ツッコミ ❶ フラれてないわ！　いきなり失礼だな！

ボケ こちらの席へどうぞ。ご注文が決まりましたら、

② 「この中で、注文できる店員さんはいらっしゃいませんか〜！？」と助けを求めてください。

ツッコミ ❷ 飛行機か！　「この中にお医者さんはいませんか〜？」じゃないのよ！
ちなみに、おすすめは何ですか？

ボケ ③ あったか〜い冷やし中華　　です。

ツッコミ ❸ どっちなんだよ！　冷えてるから「冷やし中華」なんじゃないの？
さっきからふざけてるんですか？　帰りますよ！

ボケ すみません、おわびに　④ 店長のサイン入り色紙

ツッコミ いらないわ！　もういいよ！

ふたり どうも、ありがとうございましたー！

完成

しゃべくり漫才編 ①

ヘンテコ ことわざ

いよいよここからは、たくさんある漫才のスタイルの中でも「王道」と言われる「しゃべくり漫才」に挑戦です！　今回は、ことわざ・慣用句を使ってクイズ形式の漫才をつくってみましょう。じつは、クイズと漫才は相性バツグン！　素の自分たちのまま、かけ合いを楽しめますよ。

たとえば、こんなかんじ……

お手本動画はこちらから！

ボケ： じつはぼく、ことわざが得意なんだよね

ツッコミ： いいね。じゃあクイズ出すから当ててみてよ

ボケ： オッケー！　なんでもこい！

ツッコミ： じゃあ、第1問！　『馬の耳に……』？

ボケ： 『ゴミが付いてたので、取ってあげました』

ツッコミ： 『念仏』でしょ！　そんな優しさいらないから。次、第2問！　『石の上にも……』？

ボケ： 『1095日』

ツッコミ： 『三年』だよ！　たしかに三年は日数にしたら1095日だけど！　次、最終問題ね。『どんぐりの……』？

ボケ： 『大冒険！第1話「ドジョウが出てきてこんにちは」』

ツッコミ： 『せいくらべ』！何か知らないけど、頭の中で童謡が流れ出したわ！

ポイント

クイズの「不正解」は漫才でいう「ボケ」

上の漫才を読んで気づいたかもしれないけど、クイズは「正解」がある分、それ以外の「不正解」はすべて「ボケ」になる可能性を秘めているよ。なぞなぞ、10回クイズ、あるなしクイズなど、クイズをテーマにした漫才が多いのも納得だよね。だからといって、ただ不正解を言うだけでは笑いは起きない。「どうやってまちがえたら一番おもしろいか」を考えてみよう！

漫天プリントに 挑戦！

6-1
記入例

漫天プリント **6-1**

しゃべくり漫才編❶ ヘンテコことわざ

お題: ことわざの後半を変えて、ヘンテコにしてください。

● アイデアスペース

正しいことわざ	ヘンテコことわざ
犬も歩けばぼうに当たる	犬も歩けば宝くじに当たる
ネコに小判	ネコにごはん
石橋をたたいてわたる	石橋をたたいてこわす
オニの目にも涙	オニの目にもコンタクトレンズ
カエルの子はカエル	カエルの子はオタマジャクシ

● 上で書いたボケの中から、気に入ったものを3つ選んで、下の（①〜③）に書こう。また、それぞれのボケに対するツッコミを考えて、（❶〜❸）に書いてみよう。

ボケ（① ヘンテコことわざ　犬も歩けば宝くじに当たる　）

ツッコミ（❶ 「ぼうに当たる」だよ！　歩いてるだけでそんなラッキーは起きないよ！　）

ボケ（② ヘンテコことわざ　オニの目にもコンタクトレンズ　）

ツッコミ（❷ 「涙」だよ！　視力が低いオニもいるんだぁ……じゃないんだよ！　）

ボケ（③ ヘンテコことわざ　カエルの子はオタマジャクシ　）

ツッコミ（❸ 「カエル」だよ！　たしかにそうだけど、そうじゃないのよ！　いや伝え方むずかしいな！　）

もっと おもしろくするには

ツッコミのセリフでボケの意味をさりげなく伝える

お客さんが「おもしろい！」と思えるには、ボケの意味がしっかりと伝わっていないといけない。でも、お客さんのなかにはことわざが苦手な人や、知っているのに思い出せないという人もいるかもしれないね。だから、ボケた後はすぐにツッコミが正解を言って、「ここがまちがっていたんですよ」とわからせてあげる必要があるんだ。ウケるためには、そんなふうに**お客さんの立場になって考える**ことも大切なんだよ。

こんなことを考えよう！

ヘンテコことわざがなかなか出てこないときは、「猫に小判」と「猫にごはん」のように、**正解の言葉に近い響きの言葉を探してみよう**。ダジャレが得意な人は簡単かもしれないね。他にも、「馬の耳にイヤホン」「犬も歩けばお腹へる」みたいに、動物のことわざはヘンテコなようすがイメージしやすいので、おすすめだよ！

「石橋をたたいて……こわす！」

「わたる」ね！それじゃただの道路工事！

6-2
記入例

しゃべくり漫才編❶ ヘンテコことわざ

漫天プリント **6-2**

6-1 で書いたボケとツッコミを、下の同じ番号の＿＿＿に書き写して、漫才を完成させよう！

ふたり: どうもー、（グループ名: 風船サッカー ）です。よろしくお願いしまーす。

ボケ: じつは（ぼく・わたし）、ことわざが得意なんだよね。

ツッコミ: お、いいね。じゃあクイズ出すから当ててみてよ。

ボケ: オッケー！　なんでもこい！

ツッコミ: 第1問、① 合っているところ　犬も歩けば　……？

ボケ: ① まちがっているところ　宝くじに当たる　！

ツッコミ: ❶ 「ぼうに当たる」だよ！　歩いてるだけでそんなラッキーは起きないよ！

第2問、② 合っているところ　オニの目にも　……？

ボケ: ② まちがっているところ　コンタクトレンズ　！

ツッコミ: ❷ 「涙」だよ！　視力が低いオニもいるんだぁ……じゃないんだよ！

次、最終問題ね。③ 合っているところ　カエルの子は　……？

ボケ: ③ まちがっているところ　オタマジャクシ　！

ツッコミ: ❸ 「カエル」だよ！　たしかにそうだけど、そうじゃないのよ！　いや伝え方むずかしいな！

ボケ: ね？　（ぼく・わたし）ことわざ得意でしょ？

ツッコミ: どこがだよ！　もういいよ。

ふたり: どうも、ありがとうございましたー！

完成

しゃべくり漫才編②

レベル ★★★☆☆

悩みごと

ツッコミが打ち明けた悩みに対して、ボケがヘンな解決策を次々と提案し、それがことごとく却下される漫才です。2人のかけ合いが基本になるしゃべくり漫才では、このように1人が相談を持ちかけて、もう一方がそれに答えるネタや、ひとつのテーマに対して意見を戦わせるようなネタはよく見られます。ぜひチャレンジしてみましょう！

たとえば、こんなかんじ……

お手本動画はこちらから！

ツッコミ

じつは最近悩みごとがあってさ、ウチで犬を飼い始めたんだけど、全然言うことを聞いてくれなくてこまってるんだよね

そうなんだ。じゃあ、犬の気持ちがわかるように、ふだんから語尾に「ワン」を付けて話すようにしたら？

ボケ

ツッコミ

意味ないよ！ 友だちに『おはようワン』とか言っても、変な目で見られるだけでしょ！

たしかに。犬は"犬語"で話すもんな。そしたら犬語教室に通ったらいいんじゃない？

ボケ

ツッコミ

それどこにあるの！英会話教室みたいなノリで言わないでよ！

もしかしたら、エサに不満があるのかもしれないから、1個1万円するビーフジャーキーに変えてみたら？

ボケ

ツッコミ

高級すぎるよ！ もしそれで言うこと聞くようになってもこまるわ！

ポイント

「悩みごと」が大喜利のお題、「解決策」がその答え

ひとつの悩みごと（大喜利のお題）に対して、「なんでそこまでやらなきゃいけないの？」「それをやって、なんか意味ある？」と言われそうな解決策（大喜利の答え）を、できるだけたくさん考えよう。まずは、本当に悩みを解決できそうな答えを考えて、次に、それに近いけどちょっとちがう答え、まったく的外れな答え……と広げていってもいいね。

漫天プリントに 挑戦！

7-1

記入例

漫天プリント 7-1

しゃべくり漫才編 ② 悩みごと

| お題 ★ | 悩みごとのテーマを決めよう。 |

もっと速く走れるようになりたい　　　弟とすぐにケンカしてしまう

| お題 | その悩みごとに対して、「やりすぎだよ！」または「意味ないよ！」と思える解決策を考えよう。 |

- ・かかとにジェットエンジンを付ける
- ・自分がまる時だけ、巨大なせんぷうきで背中に強風をあててもらう
- ・自分がまるコースだけ「動く歩道」にしてもらう
- ・自分の顔のお面をつけた足の速い人に代わりに走ってもらう

●悩みごと（★）と、解決策のボケの中から気に入ったものを3つ選んで、（①～③）に書こう。また、それぞれのボケに対するツッコミを考えて、（❶～❸）に書いてみよう。

ツッコミ　じつは最近悩みごとがあってさ、（　★ もっと速く走れるようになりたいんだよね　）。

ボケ　そうなんだ。じゃあ、（　① かかとにジェットエンジンを付けてみたら　）？

ツッコミ　（❶ やりすぎじゃない？　すごい大がかりな手術が必要になるよ？　）

ボケ　じゃあ、（　② 自分がまる時だけ、巨大なせんぷうきで背中に強風をあててもらうとか　）？

ツッコミ　（❷ それ、どうやって用意するの？　たしかに速く走れそうだけど　）

ボケ　そしたら、もう（　③ 自分がまるコースだけ「動く歩道」にしてもらおう　）！

ツッコミ　（❸ さっきから機械にたよるなぁ！　自力で速くなる方法を教えてよ！　）

もっと おもしろくするには

ひとつの解決策を掘り下げてストーリーにするのもアリ

ここでは、ひとつの悩みに対して解決策をいくつも出したけど、解決策をひとつにしぼって、それを展開させていく形にしてもおもしろいよ。たとえば、「巨大なせんぷうきで背中に強風をあててもらう」とボケた後に、「ライバルには前からせんぷうきをあてて、向かい風で走りづらくする」のように**ボケをかぶせて、そのまま話を進めていくとかね。**コント漫才編でやったストーリーづくりを思い出して、ぜひやってみよう！

こんなことを考えよう！

記入例にある解決策を見ると、どれも「自力でがんばらずに、機械に頼る」方法だと気がつくね。このようにボケに共通点があると、最後に「さっきから〇〇ばっかりだなあ！」「どれも〇〇すぎるんだよ！」みたいなツッコミが入れられるので、ネタとしてのまとまりがよくなるよ。また、共通点のあるボケを重ねていくと、それらがすべてフリになって大きな笑いが生まれやすいんだ。

自分の顔のお面をつけた足の速い人に代わりに走ってもらえば？

いや、それ秒でバレるでしょ！

7-2

記入例

しゃべくり漫才編 ② 悩みごと　　　漫天プリント 7-2

7-1 で書いたボケとツッコミを、下の同じ番号の　　　　に書き写して、漫才を完成させよう！

ふたり　どうもー、（グループ名：　カラフルシアター　）です。よろしくお願いしまーす。

ツッコミ　じつは最近悩みごとがあってさ、

★ もっと速く走れるようになりたいんだよね

ボケ　そうなんだ。じゃあ、① かかとにジェットエンジンを付けてみたら　？

ツッコミ ❶ やりすぎじゃない？　すごい大がかりな手術が必要になるよ？

ボケ　じゃあ、② 自分が走る時だけ、巨大なせんぷうきで背中に強風をあててもらうとか　？

ツッコミ ❷ それ、どうやって用意するの？　たしかに速く走れそうだけど

ボケ　そしたら、もう ③ 自分が走るコースだけ「動く歩道」にしてもらおう　！

ツッコミ ❸ さっきから機械にたよるなぁ！　自力で速くなる方法を教えてよ！

ボケ　どれが一番よかった？

ツッコミ　全部イヤ！　もういいよ。

ふたり　どうも、ありがとうございましたー！

完成

むかし話

しゃべくり漫才編の最終回は、みんなが一度は聞いたことがある「むかし話」や「童話」がテーマ。桃太郎やシンデレラなどのお話はほとんどの人があらすじを知っているので、そこからズレていればボケだと気づいてもらいやすく、笑いが起きやすいテーマです。しゃべくり漫才で爆笑を取って、漫才師気分を味わおう！

たとえば、こんなかんじ……

お手本動画はこちらから！

ボケ: ぼくさあ、「ウサギとカメ」のお話がめっっっっちゃ好きでさあ

ツッコミ: 「めっっっっちゃ好き」なんだ。めずらしいね。どんな話だっけ？

ボケ: 昔むかし、走るのが速いウサギと、走るのがおそいカメが、水泳対決をしました

ツッコミ: いや陸で勝負しなよ！　水中だったらカメが圧倒的に有利でしょ！

ボケ: 圧倒的にリードしたカメでしたが、途中で昼寝をしてしまいました

ツッコミ: 立場が逆転しちゃったよ！ウサギ、がんばれ！

ボケ: カメが寝ている間にがんばろうとしたウサギですが、そもそもウサギは泳げないので、結局、カメが勝ちました

ツッコミ: なんの教訓もない！　てか、なんでウサギはこの勝負しようと思ったの？　勝算ないだろ！

ポイント 元ネタを改造して「パロディ」をつくる

このように、みんなが知っている話を元ネタにして別の話をつくることを「パロディ」というんだ。漫才の中でストーリーを自分で展開させていくのが苦手な人も、元ネタがあったら考えやすいよね。映画やアニメの有名なシーンなどでもいいので、ぜひいろいろなお話でパロディをつくってみよう！

漫天プリントに挑戦！

8-1 記入例

漫天プリント 8-1

しゃべくり漫才編③ むかし話

お題★	むかし話を選ぼう。(有名な童話や映画、アニメなどでも OK)

3 びきのこぶた　**(桃太郎)**　ヘンゼルとグレーテル

お題	そのあらすじを 3～5 つに区切り、それぞれのパロディを考えよう。(途中まででも OK)

むかし話の本当のあらすじ	パロディ
おじいさんとおばあさんが住んでいた。おじいさんは山へしば刈りに、おばあさんは川へせんたくに行った。おばあさんが川でせんたくをしていると、大きな桃がどんぶらこと流れてきた。中から赤ちゃんが出てきたので「桃太郎」と名付けた。イヌ、サル、キジをきびだんごで仲間にして、オニをたおした。	①おじさんとおばさんが住んでいた。②おじさんは山へキャンプに、おばさんは川へバーベキューに行った。③おばさんが河原でお肉を焼いていると、大きな桃がどんぶらこと流れてきた。④おばさんは、お肉に夢中だったので桃に気づかず、桃は流れて行ってしまった。⑤桃は海に出て、鬼ヶ島に流れ着き、中の赤んぼうはオニが大切に育てた。

● あらすじに沿って、ボケ（①～最大⑤まで）をセリフに合わせて書こう。また、それぞれのボケに対するツッコミを考えて、（❶～最大❹まで）に書いてみよう。

テーマ	(★ 桃太郎)
ボケ	(① 昔むかし、あるところに、おじいさんとおばあさんが住んでいました。)
ツッコミ	(❶ 若くなってる！　おじいさんとおばあさんじゃないの！？)
ボケ	(② おじさんは山へキャンプに、おばさんは川へバーベキューに行きました。)
ツッコミ	(❷ めっちゃ今の話じゃん！　てか、2 人ともアウトドア楽しみすぎ！)
ボケ	(③ おばさんが河原でお肉を焼いていると、大きな桃がどんぶらこと流れてきました。)
ツッコミ	(❸ すごいタイミングで流れてきたね！)
ボケ	(④ しかし、おばさんはお肉に夢中で、桃は流れて行ってしまいました。)
ツッコミ	(❹ 気づいてよ！　どんだけおいしいお肉だったんだよ！)
ボケ	(⑤ そして、桃は海に出て、鬼ヶ島に流れ着き、中の赤んぼうはオニが大切に育てましたとさ。)

もっと おもしろくするには

パロディにも テーマを設ける

「ドジな赤ずきん」や「3 匹の子ブタ～オオカミ最強バージョン～」のように、パロディ自体にも何かテーマを設けると、ネタの個性が際立ってよりおもしろくなるよ！また、**テーマを限定することでボケの内容もあるていど定まってくるので、ネタがつくりやすくなる**という利点も。ただし、その場合は冒頭で「赤ずきんちゃんがドジだったら、こんな感じになると思うんだよね」のようなフリが必要になるよ。

こんなことを考えよう！

あらすじが長くて、すべて説明するのが難しい場合は、ひとつの場面にしぼってもかまわないよ。たとえば「つるの恩返し」なら、つるが機織りをしている部屋をおじいさんがのぞいてしまうシーンだけでもいいんだ。**お話のどこを取り上げると一番おもしろくなりそうかを考えて、それ以外の場面は思い切ってカットしてしまうのも、ひとつの方法だよ。**

おばあさんは桃太郎に、「きりたんぽ」をわたしました

「きびだんご」ね！「きりたんぽ」は秋田県の郷土料理！

8-2 記入例

しゃべくり漫才編③ むかし話　　漫天プリント 8-2

8-1 で書いたボケとツッコミを、下の同じ番号の　　　　に書き写して、漫才を完成させよう！

ふたり	どうもー、(グループ名: **ガチャポンズ**) です。よろしくお願いしまーす。
ボケ	(ぼく/わたし) さあ、(★ **桃太郎**) の話が大好きなんですよ。
ツッコミ	へぇー、大好きなんだ。どんな話だっけ？
ボケ	① 昔むかし、あるところに、おじいさんとおばあさんが住んでいました。
ツッコミ	❶ 若くなってる！　おじいさんとおばあさんじゃないの！？
ボケ	② おじさんは山へキャンプに、おばさんは川へバーベキューに行きました。
ツッコミ	❷ めっちゃ今の話じゃん！　てか、2 人ともアウトドア楽しみすぎ！
ボケ	③ おばさんが河原でお肉を焼いていると、大きな桃がどんぶらこと流れてきました。
ツッコミ	❸ すごいタイミングで流れてきたね！
ボケ	④ しかし、おばさんはお肉に夢中で、桃は流れて行ってしまいました。
ツッコミ	❹ 気づいてよ！　どんだけおいしいお肉だったんだよ！
ボケ	⑤ そして、桃は海に出て、鬼ヶ島に流れ着き、中の赤んぼうはオニが大切に育てましたとさ。……こんな話だったよね？
ツッコミ	いや、そんな話じゃない！　もういいよ。
ふたり	どうも、ありがとうございましたー！

完成

総合編

フリからオチまで全部つくろう！

ついに、総仕上げ！ これまでに覚えたコツやテクニックをすべて使って、自由なテーマで1本の漫才を仕上げてみましょう！ これまでに何度も練習してきた「フリ→ボケとツッコミで話を展開させる→オチ」という基本にそって考えていけば、意外と簡単につくれるはず。さあ、どこまでおもしろくできるか、ウデ試しです！

たとえば、こんなかんじ……

お手本動画はこちらから！

ツッコミ：ねえ、矢島さんの将来の夢って何？

ボケ：そうだなあ……やっぱり宇宙飛行士かな。ぼくもう地球にいるの飽きちゃったからさ、太陽に住もうと思ってるんだよね

ツッコミ：燃えちゃうよ!? 住むならせめて月とかでしょ？

ボケ：いや月ってさ、なんか現れたり隠れたりするじゃん？ どうすんの三日月になったら？ せまくてしょうがないよ

ツッコミ：いや満ち欠けでそう見えるだけだから！ 本当にせまくなってるわけじゃないから！

ボケ：あ、そうなの？ じゃあ、月に住むことにして、まずは車の免許取りに行くわ

ツッコミ：月はロケットで行って！ もういいよ

ポイント

ボケとツッコミ以外のセリフも入れる

自分でゼロから台本を書くときは、必要に応じて「いいね」「なるほど、それで？」のような合いの手や、「それって○○のことだよね？」のように情報を補うセリフなどを入れていくようにしよう。内容が伝わりやすくなるだけでなく、テンポもよくなって、笑いが起きやすくなるよ。

漫天プリントに挑戦！

9-1 記入例

漫天プリント 9-1

総合編 フリからオチまで全部つくろう！

●ネタのアイデアが浮かんだら、それぞれ「ネタのテーマ（最初のフリ）」「最初のボケ」「その後の展開」「オチ」を考えて、下の表に書きこもう。しばらく考えても思い浮かばないときは、空欄のままでもいいよ。

	アイデア①	アイデア②	アイデア③
ネタのテーマは？	算数が苦手	ヒーローインタビューされたい	モテたい
最初にどんなボケが思い浮かぶ？	計算しようとすると必ずトイレに行きたくなる	ヒーローなのに名前を覚えてもらっていない　試合とは関係のない質問ばかりされる	優しい人はモテると聞いて、ゴミの分別をしっかりやっている　↑「地球に優しい人」になってる！
そこからどんな展開ができそう？		ヒーローのかつやくがめっちゃ地味　全然知らない国にメッセージを伝えてくれと言われる	水を大切にしたいから3日に1回しかお風呂に入っていない
オチは？		結局最後まで名前を覚えてもらえなかった	

こんなことを考えよう！

自分で考えたテーマでボケがなかなか思いつかない人は、まず、その設定なら「ふつうはこうなる（こうする）」というのを考えてみよう。次に、その「ふつう」をまったく知らない宇宙人だったらどうするか？ちょっとは知ってる外国の人だったらどうするか？など、自分以外のいろいろな立場の人になりきって考えてみると、意外なボケが浮かぶかもしれないよ！

放送席〜。本日のヒーローの……
え〜、なんとか選手に
来ていただきました！

ちょっと！
名前くらいは
覚えといてよ！

9-2 記入例

総合編 フリからオチまで全部つくろう！ 漫天プリント 9-2

9-1で採用したアイデアで、具体的にどんなセリフのやりとりが思いつくかな。最初のフリと最初のボケ、その後の展開、オチに分けて、書いてみよう。

＜最初のフリ＞

ツッコミ　ぼく、少年野球をやってるんですけど、将来は絶対プロ野球選手になって、ヒーローインタビューされたいんですよ。

ボケ　いいですねー！　じゃあ、ちょっとやってみましょうか？

＜最初のボケ＞

ボケ　放送席、放送席〜。本日のヒーローの…なんとか選手に来ていただきました！

ツッコミ　名前覚えられてないの!?　ぼく「サトウ」です。お願いしますよ。

＜展開1＞

ボケ　それにしても、今日は大かつやくでしたね！前のバッターがバットを忘れたから、貸してあげたんでしたよね？

ツッコミ　すごい地味なかつやく！　てかバットなんて、ぜったい忘れちゃダメだろ！

＜展開2＞

ボケ　それでは、今日の喜びを、エチオピアのみなさんに一言どうぞ！

ツッコミ　日本のみなさんでいいだろ！　エチオピアには何のゆかりもないわ！

＜オチ＞

ボケ　ということで、本日のヒーローは…えー、名前何でしたっけ？

ツッコミ　「サトウ」だって！　もういいよ。

こんなことを考えよう！

お客さんに状況をしっかり伝えようと思うと、つい情報をつめ込みすぎて、セリフが長くなってしまうことがある。すると、しゃべっていない方が相づちも打たずにだまっていたり、棒立ちになっていたりする時間ができてしまう。声に出して読んでみて、15秒以上1人でしゃべるようなセリフになっていたら、途中で「なるほど、それで？」のような短い合いの手のセリフをはさんで長いセリフをふたつに分けるなど、工夫してみよう。

▶次のページにつづく

総合編　フリからオチまで全部（ぜんぶ）つくろう！　　漫天（まんてん）プリント 9-3

9-2 で書いたやりとりをうまくつないで、漫才（まんざい）の形（かたち）にしてみよう。右側（みぎがわ）には、そのセリフの役割（やくわり）を「フリ（説明（せつめい））」「ボケ」「ツッコミ」「オチ」「合いの手」の中（なか）から選（えら）んで書（か）こう。

A：(ボケ ・ ⟨ツッコミ⟩)　　　B：(⟨ボケ⟩・ ツッコミ)

セリフ	役割
2人（ふたり）：どうも〜、「絶対ナポリタン」です。よろしくお願いします！	あいさつ
A（エー）：ぼく、少年野球やってるんですけど。	フリ
B（ビー）：いいじゃないですか。	合いの手
A（エー）：将来はプロ野球選手になって、ヒーローインタビューとかされたいんですよ。	フリ
B（ビー）：じゃあ、今からぼくがインタビューするんで、ヒーローで出てきてください。	フリ
A（エー）：わかりました。	合いの手
B（ビー）：放送席、放送席〜。本日のヒーローの…なんとか選手に来ていただきました！	ボケ
A（エー）：名前覚えられてないの！？ ぼく「サトウ」です。お願いしますよ。	ツッコミ
B（ビー）：サトウさん、今日は大かつやくでしたね！	フリ
A（エー）：ありがとうございます！	合いの手
B（ビー）：前のバッターがバットを忘れたから、貸してあげたんでしたよね？	ボケ
A（エー）：すごい地味なかつやく！　てかバットなんて、ぜったい忘れちゃダメでしょ！	ツッコミ
B（ビー）：それでは、今日の喜びを、エチオピアのみなさんに一言どうぞ！	ボケ
A（エー）：日本のみなさんね！　エチオピアには何のゆかりもないから！	ツッコミ
B（ビー）：ということで、本日のヒーローは…えー、名前何でしたっけ？	オチ
A（エー）：「サトウ」です！　もういいよ。	オチ

◎ 全体（ぜんたい）を書（か）いてみて思（おも）ったことや、もっと工夫（くふう）できそうなことを書（か）いてみよう。

「放送席〜」でもボケれそうな気がする。「妄想癖〜」「何妄想してんだよ！」とか言えそう？
野球をよく知らない人もいるから、むずかしいルールや用語は使わないほうがいい
「ホームラン」なら OK？　「ファウル」とか「ツーベースヒット」とかはわからない？

やったー！！
オリジナルの
ネタがついに完成（かんせい）！

完成（かんせい）

もっと おもしろくするには

覚（おぼ）えやすいセリフほど、「自然（しぜん）」で「おもしろい」

「自然（しぜん）な会話（かいわ）になっている漫才（まんざい）ほど覚（おぼ）えやすい」というのは、漫才師（まんざいし）たちの間（あいだ）でよく言われていること。逆（ぎゃく）に、**つくったネタが「なんか覚（おぼ）えづらいなあ」**というときは、やりとりが不自然（ふしぜん）になっている可能性（かのうせい）があるから、つながりがおかしくないか、自分（じぶん）たちらしい会話（かいわ）になっているか、あらためて確認（かくにん）しよう。耳（みみ）にスッと入（はい）ってくるやりとりだからこそ、見ているお客（きゃく）さんも違和感（いわかん）を覚（おぼ）えずネタに集中（しゅうちゅう）できて、笑（わら）えるんだ。

このネタ、ユウトが
つくったの？

すごーい！
プロみたい！

漫才つくろうシート

ここまで漫天プリントに取り組んできたきみは、もうネタづくりの基本は完璧にマスターできています！　その基本を使って、これからもぜひ好きなテーマ、好きなスタイルで、楽しく漫才をつくり続けていってほしいと思います。そんなときに使える「漫才つくろうシート」を用意したので、ネタ帳がわりにぜひ活用してください！

ここまでできれば、きみも立派な漫才師だ！　1枚におさまらないときは、シート②を2枚、3枚とコピーして使ってね！

10-1　記入例

漫天プリント 10-1

ネタづくりに活用しよう！

漫才つくろうシート①

① ネタのテーマ（フリ）はどうする？

コンビニでアルバイトしたい

② 思いつく限りのボケ（ツッコミ）を書いてみよう。

・レジでの接客がめんどくさくて
　セルフレジのフリをする
・キャンペーンでなぜか商品が値上がり
・入店音がヘン

③ ②を見ながら、ボケの順番（展開）を整理してみよう。

ツッコミがお客さんとして入ってくる
↓
ボケがキャンペーンで商品が値上がりしていることを伝える
↓
ツッコミが商品を選んでレジにくる
↓
ボケがセルフレジのフリをする

④ どんなオチにできそう？

店員がバーコードを読み取るやつをお客さんに当てて
「ピッ、　10円です」
お客さんが「あたしは商品じゃなーい！」

10-2　記入例

漫天プリント 10-2

10-1 で書いたネタのアイデアを使って、漫才を書いてみよう！
右側のメモ欄には、そのセリフの役割や、使ったテクニックを書いておこう。
※漫才で使えるテクニックについて知りたい人は、1巻2章34ページ「秘伝！お笑いテクニック」を見てみよう！

漫才つくろうシート②

A：（ **ボケ** ・ ツッコミ ）　B：（ ボケ ・ **ツッコミ** ）

	セリフ（ト書きはカッコで書く）	メモ欄
2人	はいどうも～、放課後サーカスです。よろしくお願いします！	あいさつ
A	あたし、大人になったらコンビニでアルバイトするじゃん？	フリボケ
B	…いや、知らないよ！　何決まったことみたいに話してんの。	ツッコミ
A	ちょっと店員やってみたいからさ。Bはお客さんで入ってきて。	フリ
B	わかりました。	合いの手
	（B、Aからはなれて自動ドアから入ってくる）	
B	（自動ドアの音）ウィーン。	
A	いらっしゃいませー。本日、からあげがお高くなってます！	ボケ
B	お安くしてよ！　わざわざ高くした商品、だれも買わなくない？	ツッコミ
A	（大声で）ああー、ヒマだなー、早くお客さんレジに来ないかな～？	ボケ
B	でかいひとりごとだなぁ！　じゃあいいよ、（商品を2つ取ってカゴに入れる）これと、これで…（Aに近づいてカゴをおろす）お願いします。	ツッコミ
A	あ、当店セルフレジなんで。	ボケ
B	きみがやらんのかい！　じゃあ何で「早く来ないかな～」って待ってたのよ！	ツッコミ
A	（キレ気味に）ハイハイ！　今日だけ特別にレジやりますよ！	ボケ
B	なに逆ギレしてんの！？　いいから早くレジやってよ！	ツッコミ
A	（商品のバーコードを当てる）ピッ！アイス1個、150円。	フリ
B	あ、そういうの確認してくれる店員さん、いいね。	フリ
A	（商品のバーコードを当てる）ピッ…ポテトチップス1個、3000円。	ボケ
B	高くない！？　子どものおこづかいじゃ買えない値段になってるよ！	ツッコミ
A	（Bにバーコードのスキャナを近づけて）ピッ…お客さん、30円。	ボケ
B	ん～激安！ってコラー！　あたしがアイスより安いっておかしいでしょ！	ノリツッコミ
A	合計で3180円です。	オチ
B	しれっとあたしも金額に入ってるしー！　もういいよ。	

完成

スポーツや芸術の世界では、上達するコツは「模倣する（真似る）」ことだと言われているけど、これはお笑いも同じ。ぼく自身も、小さいころは好きな芸人さんのネタをノートに書き写しては丸暗記して、1人2役で演じて友だちに見せたりしていたよ。だから、みんなも好きなネタを書き写して覚えたり、ひとつひとつのセリフの役割や、どんなテクニックが使われているかなどを分析したりしてみよう。たくさんの発見があるはずだよ！

台本にまとめよう

納得のいくネタができたら、台本の形にしてみましょう！　お手本漫才の台本をまるごと2本、載せておくので、書き方の参考にしてください。

お手本漫才　その1　しゃべくり漫才編

お手本動画はこちらから！

タイトル「10回クイズ」

セリフ（ト書き）	役割
2人：どうも～、オシエルズです。よろしくお願いします！	あいさつ
矢島：ぼくが矢島と言いまして、前にある細長いのが、センターマイクです。←①	ボケ（ツカミ）
野村：オレの紹介しろよ！　ぼくは野村です。よろしくお願いします。	ツッコミ
矢島：「10回クイズ」って楽しかったよね。	フリ
野村：あー、やりましたね。10回同じ単語を言わせてから、ひっかけ問題を出すやつね。	フリ
矢島：そうそう。じゃあさ、「ヒジ」って10回言って。	ボケ
野村：……それ答えじゃない？←②　　　「ピザ」って10回言ってもらって、「ヒジ」見せて、「ヒザ」って答えてもらうやつだから。	ツッコミ
矢島：あ、そっか。じゃあ「ピッツァ」って10回言って。	フリ
野村：なんで本場の発音なんだよ！　それじゃ引っかからないよ？	ツッコミ（伏線回収）
矢島：いいから「ピッツァ」って10回言ってみなって！	
野村：(10回言う)ピッツァ、ピッツァ、ピッツァ、ピッツァ、ピッツァ、ピッツァ、ピッツァ、ピッツァ、ピッツァ、ピッツァ！	
矢島：じゃあ、ここは？(ヒジを指さす)	
野村：ヒジ！	
矢島：……え、なんで引っかからないの？	ボケ（伏線回収）
野村：「ピッツァ」って言ったからだよ！　それじゃ引っかからないって！	

矢島：「ヒッジ」って言うかと思ったのに。	ボケ
野村：言うわけないでしょ！　「ヒッジ」ってなんだよ！	ツッコミ
矢島：そこまで言うなら、おまえが問題出してよ。	
野村：いいよ。じゃあ「ピザ」って10回言って！	
矢島：ピザ×10！	ボケ
野村：いや算数か！　なんだよ「×」って、ズルいなあ！　ふつうに「ピザ」を10回言って！	たとえツッコミ
矢島：シーフードピザ、ミックスピザ、カレーピザ……	ボケ
野村：種類は言わなくていいよ！　ふつうに「ピザ」って10回言えばいいから！	ツッコミ
矢島：そんなにピザのことばっかり考えてたら、お腹いっぱいになっちゃうだろ！	ボケ
野村：ならないよ！　想像力豊かだな！　いいからピザって10回言って！	ツッコミ
ピザ、ピザ、ピザ、ピザ、ピザ、ピザ、ピザ、ピザ、ピザ、ピザって。	
矢島：（ヒジを指さして）じゃあ、ここは？	
野村：ヒザ！ ・─③	
矢島：ブー、正解は「ヒジ」でしたー！	ボケ
野村：あ、そっかぁ〜（笑）……って逆、逆〜！　そっちが答えるんだよ！	ノリツッコミ
矢島：ごめん。じゃあ、次「もういいよ」って10回言って。	オチ
野村：いや、それは1回でいい！　もういいよ。	オチ
2人：どうも、ありがとうございましたー！	あいさつ

ポイント解説

① 自己紹介でボケる「ツカミ」を入れておくと、お客さんを漫才に引き込みやすい。

② 10回クイズに入ってから最初のツッコミ「それ答えじゃない？」は弱めにツッコむ。ツッコミのイライラが後半の「逆〜！」のときに頂点をむかえるようにする。

③ 10回クイズは引っかかる瞬間が一番楽しいので、最後のオチの直前でツッコミがきれいに引っかかるところを見せて、山場をつくる。

※お手本漫才の実演動画で、セリフが台本とちがっていたり、台本にないセリフが入っていたりすることがありますが、それらは漫才ならではの「アドリブ」です。台本と実演のちがいも楽しみながら、ごらんください。

お手本動画はこちらから！

タイトル「グルメリポーター」

セリフ（ト書き）	役割
2人：どうも～、オシエルズです。よろしくお願いします！	あいさつ
矢島：子どもがなりたい職業 No.1って、グルメリポーターじゃないですか？	フリボケ
野村：そんなことないと思うよ？　グルメリポーターの人には失礼だけど。	ツッコミ
矢島：だっておいしいお店に行って、おいしいごはん食べて、最高でしょ？	フリ
野村：いや簡単じゃないからね？　おいしいってことを伝えるのが難しいから。	フリ
矢島：じゃあ、今からグルメリポーターやるんで、お店の人やってください。	フリ
野村：わかりました。	合いの手
矢島：よーし、グルメリポーターやるぞ～！　えい、えい…	
2人：おーーー！←①	ボケ
野村：これいらなくない!?　スッと始めればよくない？	ノリツッコミ
（コントに入る）	
矢島：みなさん、こんにちは、グルメリポーターの矢島ノブ雄こと、「やじっす」です！←②	ボケ
野村：……逆じゃない？　「やじっす」こと、矢島ノブ雄だから。	ツッコミ
矢島：今日はおいしいラーメンがいただけるということで、わたしもう、お腹パンパンです。	ボケ
野村：ペコペコで来てよ！　なんでたらふく食べてから来ちゃうの！	ツッコミ
矢島：今回は、東京にある渋谷駅から徒歩2時間の、こちらのお店です。←②	ボケ
野村：歩きすぎ！　ぜったい近くにもっといい駅あったよ！	ツッコミ
矢島：なにやら「ラーメンしんちゃん」という落書きがありますが……	ボケ
野村：看板だよ！　だれかがいたずらで書いたわけじゃないから！	たとえツッコミ
矢島：では、さっそくこの布切れをくぐりましょう。	ボケ
野村：「のれん」ね！　のれんって言って！	ツッコミ
矢島：（のれんをくぐって）こんにちはー。	
野村：いらっしゃいませ！	
矢島：あなたが野村真之介さんこと、店長さんですか？←②	ボケ　天ドン
野村：だから逆だって！　「店長」が本名みたくなってるから。	ツッコミ
矢島：今日はおいしいラーメンをいただけるということで、ありがとうございます。	
野村：ぜひゆっくり食べていってください。	
矢島：なにやら、わたしたちが来ることを見越して、3時間前からラーメンをご用意いただいているとのことですが？	ボケ
野村：気が早すぎるよ！　冷めちゃうし、麺も伸びるから！	ツッコミ

セリフ	役割
矢島：（食べようとする）では、いただきま……あれ、スープがない！	ボケ
野村：麺が吸っちゃってるからね！　今からつくり直しますから。	ツッコミ
矢島：じゃあ大盛りにしてもらっていいですか？	ボケ
野村：図々しいなあ！　ていうかあなた、お腹パンパンじゃないの？	ツッコミ
矢島：あ、渋谷から2時間歩いてきたんで、今はペコペコです。●―②	ボケ　天ドン
野村：やっぱり歩いてきたんだ。（ラーメンを出す）へい、お待ち！	ツッコミ
矢島：いただきます！（ラーメンを食べる）……おいしい！	
野村：よかった。	
矢島：まず、このれんげがいいですね！　スープがすくいやすくて最高なんですよ。	ボケ★のフリ
野村：あ、ありがとうございます。	ボケ★のフリ
矢島：あと、器ね！　この丸みと深さの感じがすごくいいですね～！	ボケ★のフリ
野村：はあ。	ボケ★のフリ
矢島：あと、箸ね！　麺がつかみやすくて……●―③	ボケ★
野村：ちょっと！　ラーメンほめろよ！　さっきから食器のことしかホメてないな！	ツッコミ
矢島：もちろんラーメンもおいしいですよ！　スープの香りが非常に鼻につきます！	ボケ
野村：イヤなんじゃないか！　「鼻につく」はおいしくないときの表現だから。	ツッコミ
矢島：もしかして、へこんでます？	
野村：そりゃへこむよ！　食器ばっかりホメられてさぁ。	
矢島：「食器」だけに、ショッキングってことですね？	ボケ
野村：くだらないなあ！　ダジャレでぼくのことからかってるんでしょ？	ツッコミ
矢島：いや、店長さんなんだから、そんなことでおこっちゃダメですよ。	オチ前のフリ
野村：おこるに決まってるでしょ。	オチ前のフリ
矢島：ラーメン屋なんだから、「器が大きい」人にならないと。	オチ
野村：うまいこと言うな！　もういいよ。	オチ
2人：どうも、ありがとうございましたー！	あいさつ

ポイント解説

① 「えい、えい、おー！」と2人で言うところは、ツッコミがついボケにのせられてしまい、その後、冷静にツッコむという「ノリツッコミ」の応用。

② 「〇〇こと、●●」のボケと、「渋谷から歩いて2時間」のボケを天ドンで使う。

③ ボケ★で大きな笑いが起きるように、その前のかけ合い2ラリーは、フリとしていねいに見せる。ツッコミも、ボケ★の直後が一番大きくなるように。

※お手本漫才の実演動画で、セリフが台本とちがっていたり、台本にないセリフが入っていたりすることがありますが、それらは漫才ならではの「アドリブ」です。台本と実演のちがいも楽しみながら、ごらんください。

コンビを組もう

漫才のネタが完成したら、練習の前に、まずは相方探しです！　ここでは相方を決めて、正式にコンビを組むまでの流れを紹介します。いっしょに楽しく漫才をやっていくために、相手の気持ちをつねに考えながら進めていきましょう！

とりあえず、オレの言う通りにやってくれればいいから！

ご、強引だなぁ

NG

STEP1

組みたい人に声をかける

手当たり次第に声をかけるのではなく、まずは自分が一番組みたいと思う人はだれなのかをよく考えて、その人に思いを伝えてみよう。やりたいネタが決まっている場合は、その人がそのネタに合っているかどうかも考えておくといいよ。「とにかくやりたい！」という熱い気持ちをぶつけることも大事だけど、相手に納得してもらえるようなていねいな説明と、相手の考えを聞くことも忘れないようにね。

さそうときのコツ
●前もって、「お笑いは好きか」「自分でもお笑いをやってみたいと思うか」聞いておこう。
●さそうときには、自分が好きな芸人さんや、こんな漫才がやりたいというイメージを伝え、すでにできているネタがあれば見てもらおう。
●発表する場が決まっていたら、それも伝えよう。目標がわかっていると安心できるからね。

今度のお楽しみ会で漫才やりたいんだ！　ガクとやるのにぴったりなネタがあるんだけど、よかったら一緒にやってくれない？

ぼく、人前で話すの苦手だけど……でも、ユウトがサポートしてくれるならやってみたい！

STEP2

おたがいのことを知る

　ふだんは気さくに話していても、漫才の相方となると急にかしこまったり、ドキドキしちゃったりするもの。そんなときは、趣味や特技、好きな食べ物、好きな漫画やアニメ、家族のこと、最近あった笑えるできごとなど、おたがいに自分のことをいろいろ話してみよう。**共通するものが見つかったら、そこから新しいネタが思いつくかもしれないよ！**

特技

好きな有名人

好きなマンガ・アニメ

しゅみ

家族のこと

最近オレ、「アソビキング」のカードゲームにハマってるんだ！

ぼくも！
ねえ、カードゲームのネタって、おもしろそうじゃない？

STEP3

コンビ名を決める

　相方との初めての共同作業……それは、コンビ（チーム）名を決めること！　それぞれの希望やイメージを話し合った上で、**全員が納得できる名前を選ぼう。**それぞれの名前を合体させたり、好きなものを組み合わせたりしてもいいね。もちろん、とりあえず適当に決めておいて後で変更するのもアリだよ！

ユウトはサッカーが好きで、ぼくはあげパンが好きだから、「あげあげサッカーズ」とか？

2人の名前を合わせて「ユウガク」ってのもよくない？　「ガクユウ」のほうがいいかな？

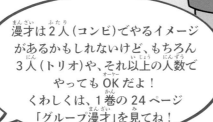

コンビ
決定！

漫才は2人（コンビ）でやるイメージがあるかもしれないけど、もちろん3人（トリオ）や、それ以上の人数でやってもOKだよ！
くわしくは、1巻の24ページ「グループ漫才」を見てね！

ネタを決めよう

コンビが組めたら、次はどんなネタをやるか話し合って決めていきましょう。くれぐれも、自分がつくったネタを強引にやらせることがないように！漫才は相方と2人でつくり上げていくもの。2人が心から笑えるネタじゃないと、自信をもってお客さんに見せることができません。相方の意見や気持ちを尊重することも、忘れないようにしましょう。

ぜったい、オレがつくったネタね！めっちゃ自信あるから！はい、決まり！

ぼくもネタあるんだけど……

NG

STEP4

持ちネタを見せ合う

自分も相方も漫天プリントでネタをつくっていたら、まずはそれを見せ合おう。もし、相方がまだネタをつくっていなかったら、先に自分がつくったネタを見てもらってから、漫天プリントをすすめてみよう。

また、見せ合うだけではどんなネタかよくわからないときは、仮でボケ役・ツッコミ役を決めて、2人で声に出して読んでみよう。これを「読み合わせ」というよ。

ネタを決めるときのコツ

● おたがいに、相手のネタの気に入ったところや、すごいと思ったところを伝え合う。

● 読み合わせをしてみて、2人がやりやすかったほう、または気に入ったほうに決める。

● ボケとツッコミを交代したり、言い方を変えてみたりすると、急におもしろくなることもある。いろいろ試してみよう！

● 意見が分かれたら、それぞれのネタの気に入ったところを組み合わせてみるのもアリ。

漫天プリントでつくってみたけど、どう？

おもしろいじゃん！これなら、ガクがボケのほうがいいね！

STEP5

ボケとツッコミを決める

あるていどネタの内容が固まってきたら、ボケ役とツッコミ役を決めよう。その後も、読み合わせをする中で何となく言いづらかったり、自分たちらしくないと感じる部分があったら、その部分を修正しながらより自然にできる漫才にしていこう。

> ネタは、自分たちがやりやすいように変えていくもの！いいアイデアが出たらどんどん取り入れて、ネタを進化させていこう！

> ふだんボケることが多いから、ツッコミやってみたいんだよね〜！

> ぼく、ツッコむの苦手だから、ボケがいいかな。じゃあ、決まりだね！

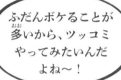

なんでやねん！

「あて書き」もおすすめ！

あらかじめボケ役とツッコミ役を決めた上で、それぞれのキャラクターに合わせてネタを書くことを「あて書き」と言うよ。じつは、プロの芸人さんは、ほとんどのネタをあて書きで考えているんだ。あて書きをすると、声や言い方などがはっきりイメージできるので、最初から自分たちらしいネタになりやすい。ネタをつくり直すときには、ぜひやってみてね！

> 「なんでそうなるの？」ってセリフは、ユウトっぽく元気に「なんじゃそりゃ！」のほうがいいんじゃない？

なんじゃそりゃ！

> いいね！こんな感じ？

ネタと配役決定！

47

ネタ合わせをしよう

ここからは、いよいよ台本を覚えていきます。もちろん、セリフをただ言えればいいというわけではなく、タイミングや動きも覚える必要があります。なかなかうまくいかず、相方と大ゲンカ！……なんてことにならないように、ここでは楽しくネタ合わせをするためのコツを紹介していきます！

このセリフはぜったいまちがえないように、100回は練習しといて！

きびしすぎる

NG

STEP6

1人で練習する

まずは、漫天プリントやネタ帳に書かれた台本を人数分コピーしたり、書き写したりして、それぞれの「マイ台本」をつくろう。それから、**自分のセリフにマーカーで線を引き、何度も読んで覚えよう**。相方のセリフを聞いて自分のセリフを思い出すことも多いから、相方のセリフもできるだけ頭に入れておくといいよ。

練習方法

❶ 声を出してもいい場所を見つけて、大きな声でくり返し読もう。

❷ 慣れてきたら、台本を見ずにやってみよう。覚えにくいセリフはチェックを入れて、さらに何度も練習しよう。

❸ セリフがほぼ頭に入ったら、動きもつけてみよう。

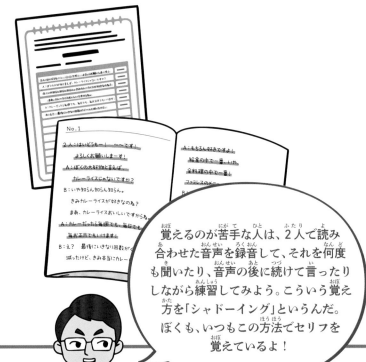

覚えるのが苦手な人は、2人で読み合わせた音声を録音して、それを何度も聞いたり、音声の後に続けて言ったりしながら練習してみよう。こういう覚え方を「シャドーイング」というんだ。ぼくも、いつもこの方法でセリフを覚えているよ！

これ・・・くらい

大盛りのカレーが…

STEP7

コンビで合わせる

　おたがい自分のセリフがだいたい覚えられたら、学校の休み時間や放課後に集まって、2人で練習しよう。これを「ネタ合わせ」というよ。発表当日までみんなに秘密にしておきたい場合は、校庭のすみっこなど、あまり人目につかない場所を探すか、どちらかの家でやるといいよ。夢中になりすぎて、まわりの人やおうちの人に迷惑がかからないように気をつけよう！

ネタ合わせの様子をスマホやタブレットで撮影して、その映像を見ながらテンポや動きをチェックしていくのもおすすめ！

ネタ合わせのやり方

座り稽古

まだ台本が覚えきれていないときや、大きな声が出せないときなど、セリフの確認だけしたいときに行う。台本は手に持つか、机に置いておく。

立ち稽古

おたがいの声の大きさや動きを調整したいときや、本番の流れを確認したいときに行う。大きな声が出せる広い場所で、台本は持たずに行い、舞台に出ていくときのスピードやおじぎの仕方、タイミングなども確認しておく。

楽しくネタ合わせをするコツ

　ひとつ目は「相方の意見をすぐには否定しない」こと。どんな意見でも、まずはいったん受け入れて話し合うようにしよう。

　ふたつ目は「自分をおもしろくすることより、相方をおもしろくすることを考える」こと。「自分がこのネタをおもしろくするんだ！」という気持ちで取り組むことが大事だよ。ネタづくりは苦手でも、言い方や動きなら工夫できるなど、おたがいに「自分ができること」をすすんでやっていけるといいね！

ネタ合わせ完了！

ネタを試そう

ネタ合わせもして「これでカンペキ！」と思うかもしれませんが、じつは、本番前にやるべきことがもうひとつあります。それは、友だちや先生、おうちの人など、身近な人にネタを見てもらう「ネタ見せ」です。ここでは、ネタ見せをする意味、正しいやり方やマナーなどを紹介します。

STEP8

身近な人に見せる

つくったネタがウケるか、ウケないかを自分たちだけで判断するのは、じつはプロでも難しいこと。なぜなら、**そのネタがおもしろいかどうかは、見ているお客さんが決めること**だからね。事前に「ネタ見せ」をして、お客さんの反応を見たり、意見をもらったりすることは、だからとても大切なんだ。思っていたより伝わらなくて、「もっとこうしたら？」なんて言われるのはくやしいかもしれないけど、すべては自分たちのネタを磨くため！ 素直に受け止めよう。

こんな人に見てもらおう

● 仲のよい友だち　● 他のコンビ　● 先生
● お父さん・お母さん　　● 兄弟・姉妹
● おじいちゃん・おばあちゃん　　…など

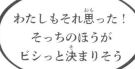

感想は「GOOD」と「MOTTO」でもらおう

ネタを見てもらった人から意見をもらうときや、他のコンビとネタを見せ合うときは、おたがいに悪いところ(BAD)を伝える「ダメ出し」ではなく、良いところ (GOOD) を伝える「ホメ出し」を中心に行うようにしよう。よくないところを伝えるときは、「こうすれば、もっとおもしろくなりそう！」という改善点(MOTTO)もいっしょに伝えてあげると、言われた人が前向きになれるので、おすすめ！

STEP9

感想をまとめる

ネタを見せる人数は1人でもいいけど、できれば3人以上に見てもらって、いろいろな感想をもらうようにしよう。集まった感想はGOODとMOTTOに分けてまとめ、**自分たちの良いところと**課題をしっかり把握しよう。

> GOODは自分たちの強みとして自信をもっていい部分だよ。MOTTOを改善するためにいろいろなことをやりすぎて、GOODな部分をなくしてしまわないように気をつけようね！

> オレがもっとビシッとツッコめれば、ガクのとぼけた表情とのギャップで、さらにウケそうだな

> なるほど。じゃあぼくはもっと顔でボケられないか、研究してみる

ネタ見せでもらった感想

GOOD 良いところ

・聞き取りやすかった。

・2人の表情がよかった。

・ネタの内容がわかりやすかった。

・後半のボケをたたみかけるところが好き。

・ユウトのツッコミが元気でよかった。

・ガクがボケたときの顔がおもしろかった。

MOTTO 改善点

・動きながらしゃべるときは、もっとゆっくり話したほうが聞こえやすい。

・ネタ中、2人がマイクからはなれていってしまうので、気をつけたほうがいい。

・ユウトがツッコむときは、ガクのほうを見たほうがビシッとキマりそう。

・ガクの声がたまに小さくなってしまうので、自信をもって大きな声を出してほしい。

・ゲームに例えたツッコミがあまり伝わってなかったので、もう少しみんなに伝わるツッコミを考えたほうがいい。

改善点がわかった！

もっとおもしろくしよう！

「自分たちのネタをもっとおもしろくしたい！」と意気込むユウトとガク。ここではそんな2人のために、つくった漫才にさらに磨きをかけるためのヒントを集めてみました。全部一気にやろうとせず、できそうなものからひとつずつ取り組んでみましょう。

STEP10

おもしろくする工夫をしよう

次の①〜⑧は、プロの漫才師がネタをおもしろくしたいとき、真っ先に工夫するポイントだよ。
一度やってみて「前よりおもしろくなった」「ウケた！」と感じたら、ネタに取り入れていこう！

① 話すスピードを見直す

まず、緊張して早口になっていないか確認。その上で、自分たちのキャラクターに合ったテンポはどれくらいか考えて、ベストなスピードになるように調整する。

② 抑揚をつけてしゃべる

「抑揚」とは、声を大きくしたり小さくしたり、早くしたり遅くしたり、声のトーンを変えたりすること。しゃべりに抑揚をつけると、フリ、ボケ、ツッコミがはっきりと伝わるようになる。

③ 声が届きやすい体勢をとる

2人が体ごと向き合ってしまうと声が前に飛ばず、また目線が下がっていると声も下へ落ちてしまう。体はお客さんに向け、目線を上げると、遠くのお客さんまで声が届くようになる。

④ 余計なセリフをけずる

ネタをしっかり伝えようと思うと、どうしても説明が長くなってしまう。するとテンポが悪くなり、笑いづらくなるので、省略できるところは省略して、セリフはできるだけコンパクトにする。

⑤ 自己紹介ギャグを入れる

漫才に入る前、コンビ（チーム）名を名乗るときに決めポーズやギャグを披露すると、お客さんに注目してもらいやすい。ウケたらみんなにマネしてもらえるかも？

⑥ お客さんに話しかける

漫才は、2人の会話をお客さんに見せるもの。でも、たまに「〜ですよね？」「みなさんもそう思いませんか？」のようにお客さんに話しかけると、お客さんとの距離が縮まり、親しみをもってもらえる。

⑦ ツカミを入れる

自己紹介の後、本題に入る前に行うボケとツッコミの10秒ぐらいのかけ合いを「ツカミ」と言う。ツカミを入れることで笑いやすい空気がつくれる。

⑧ 後半にたたみかける

ネタの後半にボケの数を増やすと、全体が盛り上がり、お客さんの満足度が上がる。とくに最後のオチに向けてテンポよくボケをたたみかけると、爆笑になりやすい。

今日もお腹いっぱい！……いや、元気いっぱい漫才がんばります！

そこまちがえるなよ！

わははは　クスクス

カレー食べるだけの授業とかあってもいいよね〜？

いいわけないだろ！その授業が4時間目だったら給食が食べられなくなっちゃうよ

え？ぼくは全然食べられるけど？

ガクは食いしんぼうすぎるんだよ！

ちなみに、ぼくの理想の時間割は「ポテチ・ラーメン・ピザ・カレー」です

なんじゃそりゃ！

いや「国語・算数・理科・社会」みたいに言うな〜！

何度もネタを"かける"ことが大事！

プロの漫才師も、ネタを仕上げるときは作家さんや芸人仲間にネタを見てもらって意見を聞いたり、実際にお客さんに見せて感想をもらったりしながら、少しずつ改良していくよ。このように、ネタ見せと修正をくり返していくことを「ネタをかける」というんだ。みんなも、相手は少人数でいいし、同じ人でもいいから、何度もネタをかけてよりよいものにしていこう！

それでもウケないときは

ネタ合わせもいよいよ大詰め！「いろいろ工夫してみたけど、まだウケが弱い」「自分では気に入っているボケが、なぜかまったくウケない」そんな人は、ぜひこちらの「漫天クリニック」へ！　下の問診票にチェックを入れるだけで、あなたの「症状」をオシエルズ先生が診断し、あなたにぴったりの「お薬」を処方してくれます。もちろん、お金はいただきません（笑）。さあ、爆笑ネタの完成まで、あと少し！

わたしたちにおまかせください！

漫天クリニック

漫天クリニック　　　　　　　　　　　年　　月　　日

お名前・コンビ名

問 診 票

- [ ] ちゃんとボケているのに、全然伝わらない！ …… **A**
- [ ] 一部の人しか笑ってない！ ……………………… **B**
- [ ] 爆笑必至のボケなのに、なぜかウケが弱い …… **C**
- [ ] 自分のセリフでお客さんが引いている気がする … **D**
- [ ] お客さんが笑った直後のボケが、
伝わらないことが多い ……………………………… **E**
- [ ] 最初のネタ見せから、だんだん
ウケなくなっている気がする ……………………… **F**
- [ ] 漫才中によくセリフをかんでしまい、
テンポが悪くなる …………………………………… **G**
- [ ] ネタを見せた人たちから、直すところを
たくさんもらいすぎてつらい ……………………… **H**

A のあなたには……

ヨクコエデール

ボケるときに声が小さくなっていませんか？　大きな声を出しているつもりでも、緊張や不安で無意識のうちに声が小さくなってしまっていることがあります。とくに大事なパートでは、声を大きめに出すように心がけましょう。

B のあなたには……

ワダイアワセール

あなたと好きなものや興味のあるものが同じ人だけが笑っていて、それ以外の人は、ネタの内容についていけていない可能性が高いです。多くのお客さんがわかる話題かどうか、もう一度たしかめてみましょう。

C のあなたには……

フリツクール

ボケのウケが弱いときは、その直前にボケを強調するためのやりとりをしっかり入れるようにしましょう。これを「フリ」と言います。「今からボケますよ！」とお客さんにわからせることで、ボケがウケやすくなります。

D のあなたには……

トゲナクナール

ウケると思って、過激な言葉や表現を使っていませんか？　そういったトゲのあるネタは苦手な人も多いため、結果、みんなにウケる漫才ではなくなってしまいます。聞いた人が気分がよくなる言葉づかいを心がけましょう。

E のあなたには……

ワライマチスール

お客さんが笑ってくれている間もかまわずネタを進めてしまうと、「え、今、何て言ってたの？」となり、その後のやりとりを聞いてもらえなくなります。笑い声が落ちつくまで、話すのを止めてみましょう。これを「笑い待ち」と言います。

F のあなたには……

ゼンリョクデネタスール

同じネタを何度もやっていると、飽きてきて、セリフや動きがいい加減になり、前までウケていたところがウケなくなることがあります。自分たちは何十回とやっていても、見る人は初めてです。つねに全力で取り組みましょう。

G のあなたには……

イイヤスイセリーフ

言いづらいセリフをそのままにしていませんか？　全体の流れが変わらなければ、別の言葉に言い換えたり、セリフ自体をカットしたりしても問題なし。何度も同じネタをするなら、なおさら言いやすさを優先させましょう。

H のあなたには……

ジブンシンジール

人からいろいろ言われすぎて、好きだった漫才がキライになっている可能性が。もらった意見をすべて取り入れなくても大丈夫。ここまでがんばってきたあなたは、以前より確実におもしろくなっています。自分を信じましょう！

お大事に！

ついに 爆笑ネタ 完成！

55

チャンスはいろいろ

こうして、小学生お笑いコンビ「ユウガク」は自慢のネタをひっさげて、クラスのお楽しみ会で漫才デビューをかざりました！堂々とネタを披露する2人を見て、他のみんなも漫才がやりたくなったみたい……。じつは、漫才ができるチャンスは意外とたくさんあります。紹介しましょう！

次はどこでやる〜？

ねえ、ぼくたちでトリオ組まない？

いいね！

わたしネタ書けるかも

こんなにある！「漫才チャンス」

お楽しみ会の出し物として

毎週水曜日の帰りの会でネタをやってくれるお笑い係を募集します

はい！

クラスの「お笑い係」になる！

お昼休みに
ミニライブを
開催！

昼休みに3組でお笑いライブをやりまーす！

来てねー

漫才
ミニライブ
13:2o～

お盆やお正月の集まりで

思い切って「M−1グランプリ」※
にエントリー！

18歳以下の場合、エントリーには保護者の同意が必要だよ。前もっておうちの人に相談しよう！

※「M-1グランプリ」については
1巻15ページを参照。

動画をネット上にアップしたいときは……

次の5つの約束を必ず守ろう。
❶ 相方はもちろん、おうちの人にも前もって確認し、許可をもらう。
❷ 動画内では、ぜったいに本名を明かさない。おたがいのことはニックネームで呼び合う。
❸ 公園や学校など、住所が特定されやすい場所では撮影しない。また、ネタの中に地名や学校名を入れない。
❹ 不特定多数の人に見られたくないときは、動画の公開設定を「限定公開」にして、見てほしい人にだけ動画のURLを送る。
❺ 不適切なコメントが送られてこないように、あらかじめコメントができない設定にしておく。

インターネットは、世界中の人たちとつながっています。一度ネット上にアップされた動画や写真は、一瞬で世界中に広まってしまうため、後で「やっぱりやめたい」と思っても、世界中に散らばったデータを完全に消すことはできません。くれぐれも軽い気持ちでアップしないように！インターネットは慎重に利用するようにしましょう

漫才大会を開こう！

漫才をやりたい人がたくさんいるなら、クラスや学校全体で「漫才大会」を開くのもいいでしょう。ここでは、この本を監修している田畑栄一先生が実際に小学校で行っていた教育漫才※を参考に、具体的なやり方を紹介します。温かい笑いにあふれた大会で、チャンピオンを目指しましょう！

ねえ、クラスで漫才大会できたら楽しそうじゃない？

いいね！やりたーい！

まずは先生に相談だね

※教育漫才…田畑栄一先生が発案した、学校で行う漫才。子どもたちが温かいコミュニケーションの仕方を学ぶことを目的とする。

① 話し合い

まずは、クラスで漫才大会を開けるかどうか、担任の先生に相談しよう。開催が決まったら、お笑い係や学級委員が中心となって、学活などの時間に大会の目的やルール、グループの決め方、本番までの流れなどについて話し合おう。

みんなで決めたルールです。必ず守りましょう！

5年3組　漫才大会

行う日　11月24日（金）　5・6時間目
出場者　5-3の全員がコンビかトリオを組んで参加
ねらい　・「笑いを取る」という共通の目標に向かって友だちとがんばることで、おたがいの仲を深める
　　　　・みんなで笑い合い、楽しい時間をすごす

[大会ルール]
・ネタ時間は1分（多少オーバーしてもOK）
・ネタはオリジナルのものに限る（プロの漫才師のネタをそのままやるのはNG）
・人が傷つく言葉は使用しない（死ね・うざい・むかつく・消えろ・キモいなど）
・暴力はしない（たたく・ける・押すなど）
・ネタの始まりには自己紹介、終わりには「ありがとうございました」を必ず言う
　見る人は必ず拍手をする
・見る人は、たくさん笑い、そのグループのよいところを見つける
・見る人は、ネタ中にヤジを飛ばしたり、おしゃべりをしたりしない

[審査方法]
・全ネタが終了後、全員でおもしろかったグループを3つ選んで投票
・一番多くの票をかくとくしたグループが優勝

● 参考ページ

13ページ
「漫才をするときの心得〜四か条〜」

● グループをつくろう

いっしょに漫才をする2人（ペア）か3人（トリオ）のグループをつくろう。授業として漫才大会を行うなら、「くじ引き」で決めるのがおすすめ。ふだんはあまり話さない人同士で漫才をすると、おたがいの意外な一面がわかったりして、盛り上がるよ！

わあ、アヤノとペアだ！ユウトとやるときとは全然ちがう漫才ができそう！

よろしくね！

● 係を決めよう

本番での司会や音響係、会場の装飾をつくる係など、**大会を盛り上げるのにどんな係が必要かみんな**で考えて、やりたい人で分担しよう。

係の例

- 司会係（進行役）
- 台本係（司会のセリフをまとめた台本を作成）
- タイムキーパー係（ネタ時間を計り、1分を超えたらベルを鳴らす）
- 投票・アンケート係（当日配布する用紙を作成・集計も行う）
- 会場係（会場の装飾やめくり、マイクなどを準備・設置する）

- 音響係（オープニングや、各グループが登場する際にかける BGM を用意し、当日流す）
- 呼び出し係（出番が近い組に声をかけて、舞台袖に並ばせる）
- チラシ・ポスター係

プロの大会でも、音響や舞台美術などの裏方さんは欠かせない存在だよ。どうしても出場したくない人や、当日出場できない人がいたら、裏方として参加してもらってもいいね！

② 練習と準備

ネタづくりには、2章の漫天プリントを活用しよう！ ネタが完成したら、3章を参考にグループでネタ合わせをして、一通りできるようになったら他のグループとネタを見せ合い、「GOOD」と「MOTTO」を伝え合おう。裏方になった人は、ネタの練習の合間に作業を進めていくよ。

● 参考ページ

20〜39ページ 「漫天プリント①〜⑩」
44〜55ページ 「3章 漫才をやってみよう！」

③ 大会当日

いよいよ、本番当日！　会場係と音響係は、本番直前の休み時間などを使って会場のセッティングをしよう。**いすや机の移動はみんなで手伝おう。**投票＆アンケート用紙を客席のいすの上に１枚ずつ置いておくと、後で配布する手間がはぶけるよ。

● 漫才大会スタート！

司会が中心となって、右のような流れで進めていこう。司会や音響係、呼び出し係など、本番中も係の仕事をしている人の出番が近づいたら、係をしていない人が仕事を代わってあげよう。

大会の流れ

❶ オープニング
司会が登場し、大会のねらいやルール、進め方について説明。

❷ ネタ披露
司会がグループ名を読み上げる→グループが登場→ネタを披露→ネタが終わったら席にもどる。これをグループの数だけくり返す。

❸ 投票
全員が投票＆アンケート用紙に記入し、司会が回収。

❹ 集計
司会と投票係、先生で集計し、優勝グループを決定。

❺ エンディング
司会が優勝グループを発表し、全員で祝福！　その後、全体の感想を発表し合い、最後に先生から一言もらって終了。

漫才大会は「みんなが主役で、みんなが脇役」！　出場者として漫才を披露することはもちろん大事だけど、お客さんとして仲間の漫才を心から楽しみ、思い切り笑うことも同じぐらい大事だよ！

コンビを組んだ人と仲よくなれるだけでなく、クラス全体の結束も高まり、自分にも自信がもてるようになる漫才大会は、まさに「一石三鳥」のイベントだね！

矢島　みんな、2巻も読んでくれてありがとう！　これで安心してプロの漫才師を目指せるね！

野村　読んでる人が全員プロになりたいわけじゃないから！　でも、きっとみんな漫才をやる楽しさは感じてもらえたよね。なかには、スベっちゃってくやしい思いをした人もいるかもしれないけど……

矢島　いや！　この本を読んだ人なら爆笑の漫才ができたに決まってる！　何せぼくが発明した「漫天プリント」は、だれでも簡単にウケる漫才がつくれる、魔法のプリントだからね！

野村　すごい自信(笑)。まあ、もし上手くいかなくても、3章を読み返してネタや演じ方を工夫していけば、必ず爆笑を取れるはずだから、あきらめずにがんばり続けてほしいよね！

矢島　人を笑顔にするためにがんばるって、とってもステキなことだからね！　自分が楽しいのはもちろん大事だけど、「人を喜ばせたい」という気持ちも、ぜひ大切にしてほしい。

野村　うんうん。そもそもお笑いって、人のためにするものだしね。人をからかったり、いじったりして笑いを取るのは簡単だけど、その結果、傷つく人がいたら、何のためのお笑いかわからなくなっちゃう。

矢島　本当におもしろい人って、やさしい人が多いんだよね。だから、みんなにもぜひ「やさしくて、おもしろい人」を目指してほしい！

野村　いいこと言う！　この本でまわりの人を楽しませる方法をたくさん学んだみんななら、きっとなれるよ。ぜひこれからも、笑いにあふれた楽しい毎日を送っていってね。

矢島　それなら、学校の授業も全部漫才でやってもらいたいよね！　全国の先生方、よろしくお願いしまーす！

野村　いや先生の負担デカすぎぃ！　もういいよ。

2人　どうも、ありがとうございましたー！

これからも
いっしょにお笑いを楽しんでいこう！

みんなとお笑いの勉強ができて楽しかったよ！

やっぱ漫才ってサイコーだな！

「技術」と「優しさ」満載の入門書

　今、多くの学校がお笑い文化の価値を認め、さまざまな教育活動の場面で漫才を活用し始めています。「笑い」が、子どもたちを明るく元気にすることに、あらためて気づいたからです。

　そういった中でも、この本の著者・矢島ノブ雄さんの漫才コンビ「オシエルズ」は、「進路漫才」という新たなジャンルを確立し、全国の学校を回って披露するなど、その活躍は目を見張るものがあります。漫才をツールに出前授業を行い、進路について子どもたちと共に考え、悩みやすい子どもたちを笑顔にしています。

　そんな彼らの日頃の活動の集大成が、この「はじめての漫才」シリーズです。シリーズの第2巻目である本書は、はじめて漫才に挑戦する子どもたちの「頼れる入門書」として、必要な知識やテクニックはもちろん、子どもの気持ちに寄り添ったアドバイスがたっぷりと詰め込まれています。この本とともに漫才に取り組めば、子どもたちは仲間とのより深い絆と、より大きな成功体験を得られるはずです。

　そして、これを書いている私も、じつは小学校校長という立場にありながら、「教育漫才」というジャンルを創造してきた当人です。

　学校の子どもたちにコンビやトリオを組んでもらい、ネタづくりをして、「教育漫才大会」を年2回ほど全校で実施してきました。その結果、いじめや不登校が減り、子どもたち同士が温かくつながっていくのを肌で感じてきました。ふだんの授業でも、子どもたちは自分の意見を発表し合うことが当たり前だというように変わっていきました。笑いの教育効果には計り知れないものがあることを、私自身が目の当たりにしたのです。

　教育漫才大会を参観した保護者や地域の方々も、子どもたちがつくり出すネタで笑い、仲間の発表を温かく応援する子どもたちの姿に感動し、大絶賛でした。

　その一方で、漫才を学校で行うには、高いハードルがあることも事実です。それは漫才の歴史を振り返ればわかります。漫才は、今も昔も民衆の気持ちを代弁するものであり、時には権力者を揶揄する言葉で客を笑わせ、人々の不満

を解消してきた側面があるからです。

　また、漫才には「バカ」「うざい」「消えろ」などの人を傷つけるような言葉に加え、叩く、蹴るなどの暴力が使われることがあります。いじめが「言葉と暴力」によって行われることを考えれば、保護者や先生たちが漫才の導入に反対したり、躊躇したりするのは至極当然のことです。

　学校は、子どもたちを心豊かに育てる場であり、そのためには、安心して学べる環境づくりが何よりも大切です。そこで、漫才を学校で行う際には、次のふたつのことに配慮します。

　ひとつ目は、人を傷つけるような言葉を使用しないこと、ふたつ目は、暴力を使用しないことです。

　この2点に配慮しながら漫才を学校の教育活動に導入すれば、いじめは増えるどころか減少していきます。私は、この2点に配慮することを明確にするために、学校で行う漫才を「教育漫才」と呼ぶことにしました。本書ももちろん、この2点に十分配慮しながら制作されています。

　以前、ある飲食店で行われた悪質な迷惑行為の映像がSNSで配信され、その映像に映る若者が世の中から批判を受けたというニュースがありました。この若者は、笑いの文化を正しく学習してこなかったと推測されます。人を不愉快にする「冷たい笑い」と、人を愉快にする「温かい笑い」を一緒くたにして、「ウケればいい」という視点で笑いを捉えてきたのでしょう。まったくもって気の毒です。

　小さい頃から「温かい笑い」と「冷たい笑い」を区別することを学んできた子どもと、学んでこなかった子どもとでは、人との付き合い方やコミュニケーションの取り方に雲泥の差が出ます。そのような観点からも、漫才をやってみる経験は、子どもの成長にとても役立つことがわかります。教育漫才は、じつに多様な教育的効果を秘めているのです。

　この本を読んだ子どもたちが、周囲と「温かい笑い」でつながり、イキイキとした学校生活を送っていくことを願っています。

監修　田畑栄一

「温かい笑い」でいじめ撲滅！

著 者 ● 矢島ノブ雄

1987年生まれ、東京都墨田区出身。創価大学大学院文学研究科・教育学専攻博士後期課程単位取得退学。お笑いコンビ「オシエルズ」として活動。人を笑わせる能力（ユーモア・スキル）の理論化と笑いやすい雰囲気づくり（心理的安全性）を掛け合わせた手法を開発し、学校の出前授業や企業研修等で講師を務める。修士（教育学）。合同会社 FUNBEST 代表。一般社団法人「日本即興コメディ協会」代表理事。著書に『イラスト版 子どものユーモア・スキル』（合同出版）がある。

監 修 ● 田畑栄一

秋田県大館市出身。早稲田大学第一文学部卒業後、埼玉県内の公立養護学校・中学校に勤務。指導主事、越谷市立新方小学校校長などを務める。現在は一般社団法人「Laughter（ラクター）」に所属し、教育コンサルタントとして活動。著書に『教育漫才で、子どもたちが変わる―笑う学校には福来る』（協同出版）、『クラスが笑いに包まれる！ 小学校教育漫才テクニック30』（東洋館出版社）などがある。第66回読売教育賞優秀賞受賞。
一般社団法人 Laughter　　https://laughter.com

コミュニケーション能力や表現力をのばす！

はじめての漫才❷
ワークシートで漫才をつくろう

2024 年 3 月 13 日　初版第 1 刷発行

著　者	矢島ノブ雄
監　修	田畑栄一
編集協力	清水あゆこ
装幀・本文デザイン	株式会社京田クリエーション
イラスト	ノダタカヒロ（京田クリエーション）
組　版	株式会社リブロ
校正・校閲	株式会社鴎来堂
特別協力	野村真之介（オシエルズ）
発行人	志村直人
発行所	株式会社くもん出版

〒141-8488　東京都品川区東五反田 2-10-2　東五反田スクエア 11F
電話　代表　03 (6836) 0301
　　　編集　03 (6836) 0317
　　　営業　03 (6836) 0305
ホームページ　https://www.kumonshuppan.com/

印刷・製本　　大日本印刷株式会社

参考文献
『教育漫才で、子どもたちが変わる―笑う学校には福来る』
田畑栄一（協同出版）
『クラスが笑いに包まれる！　小学校教育漫才テクニック 30』
田畑栄一（東洋館出版社）

商品アンケート（Web 回答）

こちらから
ご意見・ご感想をお聞かせください。抽選で「図書カード」をプレゼント！